Johannes Kromayer

Roms Kampf um die Weltherrschaft

EHV
HISTORY

Johannes Kromayer

Roms Kampf um die Weltherrschaft

ISBN/EAN: 9783955643362

Auflage: 1

Erscheinungsjahr: 2013

Erscheinungsort: Bremen, Deutschland

EHV
HISTORY

Roms Kampf
um die Weltherrschaft

Von

Prof. Dr. J. Kromayer

Druck und Verlag von B. G. Teubner in Leipzig 1912

Vorwort.

Die vorliegende Darstellung vom Kampfe Roms um die Welt=
herrschaft ist hervorgegangen aus Vorträgen, die ich im Herbst 1908
bei Gelegenheit der Salzburger Hochschulkurse gehalten habe. Ich
habe in diesen Vorträgen versucht, das zu geben, was von den
Resultaten meiner Expedition nach Italien und Afrika zur Er=
forschung der Schlachtfelder der Punischen Kriege auch ein größeres
Publikum interessieren könnte, indem ich diese speziellen For=
schungen in den großen historischen und kulturellen Zusammen=
hang hineinzusetzen bestrebt war, in den sie gehören. Der Beifall,
den ich dabei gefunden habe, hat mir gezeigt, daß damit ein rich=
tiger Gedanke zur Tat gemacht war.

Und allerdings wird man sagen müssen, daß das leider in
den Kreisen unserer Gebildeten vielfach schwindende Interesse für
die ganze antike Ideen= und Geisteswelt wohl mit am wirksamsten
dadurch belebt werden kann, daß spezielle Studien, die geeignet sind,
die altbekannten Gegenstände von einer neuen Seite zu zeigen, auch
dem größeren Kreise derer nahe gebracht werden, die dem Fort=
schritte der Wissenschaft auf diesen Gebieten nicht in ihren Einzel=
heiten zu folgen in der Lage sind.

Es verstand sich für mich bei dieser Sachlage von selber, daß ich
das Thema dieses Bändchens nicht mit der Absicht behandeln konnte,
alle Seiten der behandelten Entwicklungsperiode in gleichmäßiger
Weise zu berücksichtigen, sondern daß ich diejenigen Teile, in denen
meine Spezialstudien oder meine Gesamtauffassung mich zu eigenen
Ergebnissen geführt hatten, stärker hervortreten lassen mußte, und
daß ich die Gedanken, welche mir für die geschilderte Zeitperiode
besonders charakteristisch zu sein schienen, als verknüpfendes Band
durch die Fülle der Ereignisse hindurch zu verfolgen gesucht habe.

Wenn so ein von der Schule her den meisten Gebildeten alt=
bekannter und liebgewordener Stoff in z. T. neuem Gewande er=
scheint und dadurch auch nur einige Leser angeregt werden sollten,
sich mit gereiftem Verständnisse den Personen und Dingen wieder

zuzuwenden, die uns in unserer Kindheit begeistert haben, so hat diese bescheidene Darstellung einer der großartigsten Epochen der Menschheitsgeschichte ihren Zweck erfüllt: den Zweck, ihr Scherflein beizutragen zur Erhaltung und Belebung des Interesses an dem politischen und kulturellen Leben und Streben der alten Mittelmeer= welt, deren Entwicklung ja in so vielen Punkten mit unserer eigenen parallel geht und daher Gelegenheit bietet, aus ihr für uns zu lernen und nach dem beherzigenswerten Worte Jakob Burckhardts aus solchen Geschichtsstudien zwar nicht für den einzelnen Fall klug, aber für die Allgemeinauffassung weise zu werden.

Wien, im August 1911.

Der Verfasser.

Inhalt.

Einige Werke der modernen Literatur, welche auf die folgende
Darstellung von Einfluß gewesen sind.

Beloch, J. Bevölkerung der griechisch=römischen Welt. 1886.
   Griechische Geschichte. Bd. III. 1904.
Delbrück, H. Geschichte der Kriegskunst. I². 1908.
Hehn, B. Kulturpflanzen und Haustiere. 6. Aufl. 1894.
Ihne, W. Römische Geschichte. Bd. II. 1870.
Kromayer=Veith. Antike Schlachtfelder. Bd. III. 1911.
Meltzer, O. Geschichte der Karthager. I u. II. 1879. 1896.
Mommsen, Th. Römische Geschichte. Bd. I⁶. 1874.
Neumann, C. Das Zeitalter der Punischen Kriege. 1883.
Nissen, H. Italische Landeskunde. I u. II. 1883. 1902.

I. Kapitel.

Einführung.

1. Das Problem.

Ein geistreicher italienischer Schriftsteller, Vanucci, sagt in seiner römischen Geschichte einmal: „Der rätselhafte Aufschwung Roms und seine schnelle Ausbreitung, bei der es Italien und die Welt in seine Gewalt bringt, ist das wunderbarste Ereignis, das es in der Geschichte der Menschheit gibt."

Und in der Tat, wenn wir besonders die Entwicklung der letzten $2\frac{1}{2}$ Jahrhunderte v. Chr. von der Einigung Italiens im Jahre 241 bis zur Vollendung der Weltherrschaft unter dem Kaiser Augustus betrachten, so entrollt sich vor unseren erstaunten Augen das Bild eines in seiner Stetigkeit und Konsequenz, wie in seinen schließlichen Resultaten ganz einzig dastehenden Fortschrittes.

Am Anfange dieser Periode tritt uns Rom wohl machtvoll und kräftig entgegen, aber doch beschränkt auf Italiens natürliche Grenzen, die Halbinsel selbst und die zugehörigen Inseln. Indessen alsbald erfolgt Schlag auf Schlag die Erweiterung seiner Macht, und zwar nach allen Seiten hin zu gleicher Zeit. Im Westen fällt die Mittelmeerküste Spaniens mit dem zugehörigen Hinterlande durch den Abschluß des Hannibalischen Krieges den Römern zu (201 v. Chr.), und in unendlichen kleinen Kämpfen dringen sie weiter und weiter ins Innere ein, bis schließlich Augustus ganz Spanien dem Reiche eingliedern kann. Im Norden und Nordwesten wird ganz Norditalien in jahrzehntelangen Kriegen allmählich erobert (seit 200 v. Chr.), das südliche Frankreich hinzugefügt, endlich durch Cäsar ganz Gallien gewonnen und von Augustus die Grenze bis über den Rhein und die Donau vorgeschoben. Das ganze Alpengebiet und ein großer Teil von Nordwest- und Süddeutschland, sowie von Österreich werden so dem Besitze einverleibt. Nach Süden hin dehnt sich seit 146 v. Chr. allmählich die Römerherrschaft über weite Strecken von Afrika aus bis zum Rande der Wüste und zum Ozean. Am weitesten aber greift sie über Italiens natürliche Grenzen hinüber im Osten, wo die ältesten Kulturstaaten des Mittelmeergebietes liegen und wo seit 197 v. Chr. Griechenland, dann die ganze Balkanhalbinsel bis an die Mündungen der Donau, wo Kleinasien, Syrien und schließlich Ägypten ins Untertanenverhältnis zu Rom treten müssen.

Schon die rein äußerliche Betrachtung dieser Erweiterung und die Vergegenwärtigung der Tatsache, daß Italien sich in dieser Periode ein mindestens zehnmal so großes Gebiet angeeignet hat, als sein eigener Flächenraum betrug, ist ein nicht ohne weiteres verständliches Ereignis, wenigstens für denjenigen, welcher sich von den Eindrücken der Schule und der Jugend loszumachen versteht und den Dingen selbst etwas tiefer ins Gesicht sieht. Denn für die Jugend gibt es ja im Grunde nichts Wunderbares. Sie nimmt, was ihr geboten wird, zunächst ohne weitere Kritik hin und freut sich an dem Großen und Außerordentlichen. Und so sind wir alle von Jugend her gewohnt, die Eroberung der Welt durch Rom als eine längst bekannte und ganz natürliche Tatsache zu betrachten. Aber wer mit dem gereiften Verstande des erfahreneren Alters an diese Erscheinung herantritt, der wird in ihr Schwierigkeit über Schwierigkeit finden, besonders wenn er sie mit der ganzen auf das Römerreich folgenden Entwicklung vergleicht und sieht, daß hier trotz der vererbten Idee des Weltreiches das ganze Mittelalter hindurch ein immer wieder vergebliches Ringen nach deren Verwirklichung stattgefunden hat, daß es den deutschen Kaisern dieser Zeit nicht einmal gelungen ist, ein einziges Land, Italien, in Abhängigkeit zu bringen und zu halten, und daß auch die genialsten Feldherren und Herrscher der Folgezeit bis in unsere Tage hinein nicht glücklicher gewesen sind, ja, daß selbst ein Napoleon von der Verwirklichung seiner Weltreichpläne hat abstehen müssen und in der ganzen europäischen Entwicklung der Neuzeit trotz oft vernichtender Niederlagen des Gegners, abgesehen von der Zerstückelung Polens, doch nie mehr die dauernde Unterwerfung eines der großen Kulturvölker durch ein anderes hat aufrechterhalten werden können.

Aber mit dieser Erwähnung von „Kulturvölkern" komme ich zu einem zweiten, schon mehr innerlichen Moment, welches die römische Eroberung noch merkwürdiger erscheinen läßt. Man könnte es ja schließlich ganz dem Gange der großen Entwicklung und der neueren Erfahrungen entsprechend finden, daß die Römer eine Reihe in der Kultur weit unter ihnen stehender Völker, wie die Iberer,

Gallier und die anderen nordischen Völker unterworfen und zu ihrer Kultur herangezogen haben. Indessen erschöpft sich damit weder die Weltherrschaft Roms, noch hat sie darin ihren eigentlichen Schwerpunkt. Sondern gerade die Rom in der Kultur weit überlegenen Staaten des östlichen Mittelmeerbeckens, die ganze hellenistische Staatenwelt, ist es in erster Linie, die dem römischen Schwerte erliegt, und nicht nur erliegt, sondern jahrhundertelang dienstbar bleibt; eine Staatenwelt voll kriegerischer Tüchtigkeit, deren Träger selber nicht viel mehr als 100 Jahre früher den Osten sich angeeignet und das Bedeutendste an staatlicher Organisation geleistet hatten, was vielleicht bisher überhaupt in der Geschichte der Menschheit geleistet worden war. Man sollte doch glauben, daß eine Welt von solcher Fülle der Intelligenz und geistiger Überlegenheit, von solchem Tätigkeitsdrange und so kriegerischer Tüchtigkeit eine Fremdherrschaft nimmer hätte aufkommen lassen dürfen oder sie wenigstens ebenso wenig auf die Dauer hätte ertragen können wie Deutschland die napoleonische oder Italien die deutsche im Mittelalter.

Endlich kommt ein Drittes hinzu, das dem Erwerb der römischen Weltherrschaft noch eine weitere Besonderheit verleiht. Bei den anderen großen Eroberungen, die sonst in der Weltgeschichte stattgefunden haben, von Alexander dem Großen bis auf den großen Napoleon pflegt es e i n überragender Geist, e i n gewaltiges G e n i e zu sein, das in seinem ungestümen Tatendrange übermenschliche Aufgaben in Angriff nimmt und löst, soweit sie lösbar sind.

Hier dagegen bei der römischen Erwerbung der Weltherrschaft, die langsam und gemessen, mit zähester Konsequenz 2 ½ Jahrhunderte hindurch ihres Weges geht — man möchte sagen mit fatalistischer Sicherheit — ohne Rückschläge und ohne Überstürzung, hier ist überhaupt kein Baumeister größten Stiles vorhanden gewesen.

Man könnte vielleicht an Roms genialsten Sohn, an Julius Cäsar denken und an ihn und seinen nicht viel minder großen Neffen Augustus die Schöpfung des Wunderbaues anknüpfen wollen. Denn wenn man auf die Masse des durch diese beiden Männer erworbenen Landes sein Augenmerk richtet und bedenkt, daß fast das halbe Spanien, ganz Gallien, sowie alles Land in den Alpen und nördlich davon, die weiten Flächen Westungarns und der nördlichen Balkanhalbinsel, dazu der größte Teil Kleinasiens nnd endlich ganz Ägypten durch sie zum Reiche gekommen sind, so sieht man, daß sie den Umfang desselben fast auf das Doppelte seiner

früheren Größe gebracht haben. Und wenn man dann die innere
Ausgestaltung dazu ins Auge faßt und sich klarmacht, daß erst
durch sie das Ganze ein lebensfähiger Organismus geworden ist,
so könnte man wohl geneigt sein, diese beiden als die eigentlichen
Schöpfer des römischen Weltreiches zu betrachten.

Aber mögen auch Cäsar als Feldherr und Augustus als Or-
ganisator noch so Gewaltiges für das Reich getan haben, man
würde weit fehlgehen, wenn man sie als dessen Begründer ansehen
wollte. Die Würfel darüber, wer Herr im Mittelmeer sein sollte,
waren längst gefallen, ehe diese beiden Heroen des Römertums
das Licht der Welt erblickt hatten, und es muß dabei bleiben, daß
in der Tat keine Persönlichkeit vorhanden ist, die wir in der Zeit,
als die Geschicke entschieden wurden, als den Baumeister des großen
Werkes bezeichnen könnten.

So stehen wir also nach drei Seiten hin vor unerklärlichen
Tatsachen. Die große und schnelle Erweiterung an sich läßt sich
mit den sonstigen Erfahrungen der europäischen Geschichte nicht in
Übereinstimmung bringen, die dauernde Unterwerfung kulturell weit
höher stehender Staaten und Kulturvölker erhöht die Schwierigkeit,
und die Abwesenheit jedes großen leitenden Geistes und jeder genial
wirkenden Schöpferpersönlichkeit scheint dem ganzen Werke erst recht
den Charakter eines unlöslichen Rätsels aufzudrücken.

Aber es ist natürlich nicht die Aufgabe des Historikers, die Er-
scheinungen der Geschichte wie wunderbare Phänomene anzustaunen
und sie unverstanden an sich vorüberziehen zu lassen, sondern er
muß trotz ihrer scheinbaren Unbegreiflichkeit um so energischer den
Versuch machen, sie zu verstehen und die Möglichkeit einer solchen
Entwicklung, wie die betrachtete es ist, darzulegen. Gerade die
Wunderbarkeit des Vorganges stellt uns also vor die erhöhte Forderung, das auffällige Problem zu lösen.

Natürlich kann das nur geschehen durch Aufdeckung der
Kräfte, die in dieser ganzen Entwicklungsperiode von allen Seiten
her miteinander und gegeneinander wirksam waren. Nur daraus
kann hervorgehen, daß trotz aller Unwahrscheinlichkeit alles so kommen konnte, ja so kommen mußte, wie es gekommen ist.

Wollte man dieser Aufgabe ganz genügen, so müßte man freilich
die Geschichte dieser 2 ½ Jahrhunderte auch ganz vorführen, bei
jedem einzelnen Fortschritte Roms darlegend, wie er mit Notwendigkeit aus der vorherigen Lage entsprungen ist, wie er dann über
sich selbst hinausführend schon den folgenden Fortschritt vorbereitet

hat, und wie auf diese Art stückweise das ganze Gebäude vollendet worden ist.

Aber man wird nicht erwarten, daß auf dem engen Raume, der hier zu Gebote steht, eine Aufgabe von solcher Größe und solchem Umfange gelöst werden kann. Wir müssen vielmehr versuchen, auf kürzerem Wege zum Ziele zu gelangen, und können es glücklicherweise auch.

In jeder längeren Entwicklung pflegt es nämlich einen Punkt oder eine Periode zu geben, von der man sagen kann, daß sich in ihr im wesentlichen der Gang der ganzen Entwicklung entscheide, eine Periode, in der die Kräfte aufs höchste angespannt sind und der Umschwung erfolgen muß, der dann alle noch folgenden Ereignisse in dem Schwergewicht seiner Ereignisse mitfortreißt.

Sollte auch in dem großen Drama, das uns hier beschäftigt, eine solche Entscheidungsperiode vorhanden sein, die die ganze Folgezeit mit bestimmt hat und alles Spätere nur als die notwendige Konsequenz seiner Entscheidung erscheinen läßt, dann müßte unsere Aufgabe darin bestehen, nach dieser Entscheidungsperiode zu suchen, und wenn wir sie gefunden hätten, sie ihrer Wichtigkeit entsprechend ausführlich zu schildern und dadurch zugleich im einzelnen zu zeigen, inwiefern sie die Entscheidung des Ganzen bedingt und herbeigeführt hat.

Wie wir den Weg zur Lösung dieser Aufgaben zu finden haben, ist schon soeben angedeutet worden. Ich sagte, daß ein Verständnis der Entwicklung nur zu erreichen sei durch Aufdeckung der Kräfte, die im Laufe der Kämpfe miteinander und gegeneinander zur Wirksamkeit gekommen seien. Versuchen wir also, uns die Kräfteverteilung in der damaligen Völkerwelt zu veranschaulichen, indem wir unseren Blick über die weiten Gestade des Mittelmeerbeckens schweifen lassen, die staatlichen Bildungen, die hier überall bestanden, mustern und uns so allmählich ein Bild der Weltlage zusammensetzen, wie sie sich einerseits im Osten, andererseits im Westen des Mittelmeerbeckens um die Mitte des 3. Jahrhunderts v. Chr. darstellt, d. h. eben in dem Moment, da Rom Italien geeinigt hatte und an die Ausführung seiner großen Aufgabe heranzutreten im Begriffe war.

2. Die Weltlage im östlichen Mittelmeerbecken.

Bei weitem die erste Stelle in kultureller Hinsicht nahm damals, wie schon angedeutet, die Osthälfte des Mittelmeerbeckens

in Anspruch. Auf die uralten Kulturvölker, die Ägypter, Syrier,
Kleinasiaten hatte sich hier die zwar jüngere, aber im Vergleich zu
Rom und dem Westen immer noch sehr alte und viel höher stehende
griechische Kultur aufgepfropft. In glänzendem Siegeszuge
hatte sie kaum 100 Jahre vor der Zeit, die wir betrachten, unter
Alexander dem Großen und seinen unmittelbaren Nachfolgern das
ganze westliche Asien und Ägypten erobert und über diese weiten
Länder eine mehr oder minder gleichartige Kultur ausgebreitet,
die sich zwar mit den alten Kulturen dieser Länder vermischte und
vieles von ihnen annahm, aber doch im allgemeinen ihren griechischen Charakter wahrte. Die Sprache der Gebildeten, die Welt-
sprache, war die griechische, die Literatur fast ausschließlich eine
griechische Weltliteratur, Bildung und Sitte wenigstens in den obe-
ren Schichten der Gesellschaft vorwiegend griechisch, die Kunst eine
organische Fortentwicklung dessen, was Griechenland in den früheren Jahrhunderten geschaffen hatte. Kurz das ganze geistige Leben
der großen Welt war als ein einheitlich griechisches zu betrachten.

Aber politisch war die Einheit nicht gewahrt worden. Aus
dem großen Alexanderreiche hatten sich drei Großstaaten gebildet, die in fortwährenden Kämpfen miteinander lagen: Ägypten,
Syrien und Makedonien. Keiner von ihnen war stark genug,
die anderen völlig zu überwinden, und in dem Jahrhundert nach
Alexanders Tode hatte sich so allmählich ein Gleichgewichtszu-
stand herausgebildet, bei dem niemand mehr daran dachte und
daran denken konnte, die Existenz des anderen zu vernichten, sondern wo allen den vielen Friktionen, die sich natürlich immer noch
ergaben, nur Grenzstreitigkeiten oder Handelsinteressen zugrunde
lagen. Durch die kleineren Staaten, welche sich zwischen den größeren gebildet hatten, wie Pergamon, Bithynien, Pontos und andere, sowie durch die vielen Städterepubliken und Städtebünde in
Kleinasien und Griechenland selber wurde dieser Gleichgewichts-
zustand noch mehr in der Schwebe gehalten. Denn es ist ja klar,
daß alle diese Kleinen sich in ihrer Freiheit bedroht fühlen mußten,
wenn einer der Großstaaten sich zu sehr erhob, daß sie daher sofort
dem bedrängten Schwächeren ihre Hilfe anbieten mußten und ihm
so einen in seiner Gesamtheit keineswegs zu unterschätzenden Macht-
zuwachs zur Verfügung stellen konnten. Dieses Gleichgewichtssystem
der hellenistischen Staatenwelt hat sozusagen einen unantiken
Charakter — es gemahnt schon an die Zeiten der modernen europäischen Entwicklung — und ist schuld daran, daß bei diesem

Widerstreit der Interessen der hellenistische Osten nie mit ge=
samter Kraft gehandelt hat und handeln konnte, sondern daß
sich die Kräfte gegenseitig banden und aufhoben.

So erkennen wir also hier einen politischen Zustand, bei dem
ein kräftiger und politisch geschickt vorgehender äußerer Eroberer
immer einen großen Teil der Staaten auf seiner Seite haben und
mit den Kräften des Hellenismus selber den Hellenismus beherr=
schen konnte; ähnlich wie ja z. B. auch Napoleon I. Deutschland wesent=
lich mit den Kräften des Rheinbundes beherrscht hat. Ein kräftiges
Solidaritätsgefühl war eben in dieser Griechenwelt nicht vorhanden.

Zu diesen äußeren Verhältnissen der einzelnen hellenistischen Staa=
ten zueinander kam nun ein zweiter innerer Grund, der ihre
Schwäche noch viel deutlicher zutage treten läßt. Die großen
Staaten der Alexandermonarchie waren überwiegend in auslän=
dischem Gebiete gegründet, und das Griechen= und Makedonier=
tum stellte in ihnen nur eine dünne obere Schicht der Bevölke=
rung dar, eine herrschende Klasse, die in ihrer Zahl gegenüber den
Einheimischen verschwindend klein war. Es war sozusagen nur
eine griechisch=makedonische Krieger= und Beamtenkaste, die diese
Staaten regierte und ihnen den griechischen Anstrich gab, eine
Fremdherrschaft, gestellt auf die Spitze des Schwertes. Wie ein
lockerer Verputz an den festen Häusern, so lagen diese Griechen=
herrschaften auf dem festen Mauerwerk des asiatischen und ägyp=
tischen Volkstums, eine kräftige Erschütterung und die ganze blen=
dende Außendecke stürzte zu Boden.

Es bestanden also hier Zustände, wie sie auf demselben asiati=
schen Boden vor= und nachher wiederholt aufgetreten sind. Die
Perserherrschaft, die von Alexander zerstört worden war, war auch
nur solch ein äußerer Verputz des Gebäudes gewesen, und das
war der Grund, weshalb die grandiose makedonische Eroberung
überhaupt gelingen konnte. Es stand eben hier wie da kein Volks=
tum, das an der Erhaltung der Regierung irgendein Interesse ge=
habt hätte, hinter der herrschenden Klasse, sondern nur eine entwaff=
nete und gedrückte Menge von anderer Sprache und Nationalität.

Wenn wir in unserer europäischen Geschichte den Blick nach
einer ähnlichen Erscheinung umherschweifen lassen, so zeigen sich
uns in der Völkerwanderung in den Reichen der Vandalen, der
Ost= und Westgoten ähnlich konstruierte Staaten mit einer dünnen
Oberschicht über einer numerisch viel stärkeren Masse andersprachi=
ger, geknechteter Untertanen. Und ähnlich ist denn auch in beiden

Fällen das Resultat. Wie vor Belisars und Narses' verhältnis=
mäßig kleinen Heeren jene germanischen Staaten in den Staub
sanken und große Länder ohne Schwierigkeit in die Hand des Er=
oberers fielen, so war auch die Widerstandskraft jener glän=
zenden hellenistischen Reiche auf sehr schwache Füße gestellt. Die
Vernichtung des einen Feldheeres, über welches diese Staaten überall
nur verfügten, genügte, um sie selbst in ihrer ganzen Existenz bis
zum Grunde zu erschüttern. So verliert also eine Eroberung des
östlichen Mittelmeerbeckens von seiten der Römer sehr viel von
ihrem sonst so auffälligen Charakter und scheint für einen Staat,
der auf fester nationaler Grundlage und einer starken waffenfähigen
Bevölkerung ruhte, keine unüberwindliche Aufgabe zu sein, sondern
ein verhältnismäßig leicht erreichbares Ziel zu bieten.

Allerdings ist es richtig, daß nicht alle Staaten des helle=
nistischen Systems auf so schwacher Grundlage ruhten. In
Makedonien und im eigentlichen Griechenland konnte von
einer Fremdherrschaft nicht die Rede sein, sondern hier bestand
alles bis in die untersten Schichten der Bevölkerung hinein aus
demselben, einheitlichen Volkstume. Aber andere Ursachen führten
hier gleichfalls zu einer außerordentlichen Schwäche. Die Bevöl=
kerung, schon an sich, besonders in Makedonien, nicht allzu zahl=
reich, war durch die sehr beträchtliche Auswanderung, welche die
Eroberungen Alexanders im Gefolge gehabt hatten, und dann
durch die verwüstenden Galliereinfälle in den siebziger Jahren des
3. vorchristlichen Jahrhunderts bedeutend zurückgegangen, da alles,
was es an Talent und Unternehmungslust in diesen Ländern ge=
geben hatte, in den Osten abgeströmt war und so eine quantitativ
und besonders qualitativ stark geschwächte Bevölkerung zurückge=
lassen hatte. Es lagen hier Verhältnisse vor, die man denen von
Spanien und Portugal nach der großen Auswanderung, die der
Entdeckung Amerikas und Ostindiens folgte, vergleichen kann.

Dazu kam speziell hier der noch immer fortdauernde Antago=
nismus zwischen den Selbständigkeitsbestrebungen der griechischen
Kleinstaaten und dem makedonischen Königtum, und bei den Grie=
chen selber der unaufhörliche städtische Parteihader und die tie=
fen sozialen Gegensätze innerhalb der einzelnen Gemeinwesen, die
jede Einigung unmöglich machten und jeder äußeren Macht die
beste Handhabe boten, durch eine Minderzahl von Bürgern, denen
man die Herrschaft in die Hand spielte, die Städte selbst zu be=
herrschen.

Wenn uns so der ganze griechische Osten als ein Staatenkomplex erscheint, der durch seine Schwäche und Uneinigkeit den Nachbar zu Einmischungen und Eroberungen förmlich einlud, so ist doch andererseits die Frage nicht zu umgehen, ob Rom den Willen und Wunsch haben konnte, diese Verhältnisse zur Begründung einer dauernden Herrschaft zu benutzen. Den Willen zu einer dauernden Herrschaft! — ich betone das noch einmal ausdrücklich, denn es ist keineswegs selbstverständlich, daß Rom dies wünschen mußte. Legen wir uns einmal die Frage vor, ob heutzutage irgendeines der europäischen Kulturvölker, die im Besitze ihrer natürlichen Grenzen sind, den Wunsch haben könnte, einen der anderen Kulturstaaten Europas dauernd zu beherrschen? Wir werden nicht zögern, darauf mit einem glatten „Nein" zu antworten, sobald wir uns nur einen Augenblick vergegenwärtigt haben, welche ungeheuren Schwierigkeiten unseren modernen Großstaaten schon die kleinen anderssprachigen Völkersplitter machen, die wie z. B. Dänen, Polen und Lothringer die historische Entwicklung dem deutschen Reich beigegeben hat; und wenn wir uns daran erinnern, welch ungeheure, allen kulturellen Fortschritt aufs äußerste bedrohende Schwierigkeiten dem modernen Österreich aus der Mischung verschiedensprachiger Nationalitäten fortwährend entstehen.

Nun waren ja die Römer gerade damals durch die Eroberung Siziliens und Sardiniens eben erst in den Besitz der natürlichen Grenzen Italiens gekommen und hatten hier noch im Inneren eine gewaltige Aufgabe zu lösen: nämlich die vielen verschiedenen Nationalitäten, die es hier damals noch gab, sich zu assimilieren und den babylonischen Wirrwarr von mehr als einem halben Dutzend verschiedener Sprachen, die damals noch in Italien gesprochen wurden, in langsamer Entwicklung zur Einheit der latinischen Mundart heranreifen zu lassen.

Ein Hinausstreben über die natürlichen Grenzen des Landes mußte ferner noch Gefahren ganz anderer Art zeitigen. Selbst die Latein sprechenden Italiker waren damals noch nicht alle gleichberechtigt, sondern die Bürger der einen einzigen Stadtgemeinde Rom, die cives Romani, waren die Herrscher, denen eine numerisch viel stärkere Untertanenschaft gegenüberstand. Sollte man nun diese schon gefährlich starke Klasse von Beherrschten ins Ungemessene vermehren und damit die Gefahr im Inneren unendlich steigern? Mußte es da nicht zu endlosen Verwicklungen kommen, von denen es mehr als zweifelhaft war, ob sie im wohlverstandenen nationalen Interesse lagen? Ja ein glücklicher Fortgang konnte, wie man das soeben an Griechenland und Makedonien gesehen hatte, durch zu starke Auswanderung zu einer Erschöpfung der Volkskraft führen, kurz in Bahnen leiten, deren schließliche Ziele von einer gesunden und naturgemäßen nationalen Entwicklung so entfernt waren, wie nur irgend denkbar.

Ob also bei dieser Lage der Dinge Rom den Wunsch haben konnte, ernstlich im Osten einzugreifen, das kann zunächst sehr zweifelhaft erscheinen. Eine endgültige Antwort wird uns aber darauf nur die genauere Betrachtung der Verhältnisse des westlichen Mittelmeerbeckens, und zunächst Italiens selber geben können, die wir daher jetzt in den Kreis unserer Betrachtung ziehen müssen.

3. Die Weltlage im westlichen Mittelmeerbecken.

Der augenfälligste Unterschied, der uns hier im Vergleich zum Osten entgegentritt, ist der einer weit jüngeren und z. T. noch in den ersten Stadien der Entwicklung stehenden Kultur. Die späteren antiken Schriftsteller, die in einer Zeit lebten, als griechische Bildung und griechische Lebenskunst schon überall in Italien eingedrungen waren, werden nicht müde, uns mit einem Anflug von sentimentaler Sehnsucht und nur halbwahrem Bedauern von den einfachen, rauhen Sitten der Alten und ihrer kernigen Schroffheit und Tugend zu erzählen. Das erste große kriegerische Zusammentreffen Roms mit der Griechenwelt, der Kampf mit Pyrrhus wird in diesem Sinne ausgebeutet und die Gestalten des rechtlichen, aber armen Fabricius, des einfachen bäuerlichen Curius Dentatus und anderer als Muster alter Ehrbarkeit und Sitte dem luxuriösen, eiteln und genußsüchtigen Griechentum gegenübergestellt.

Wenn wir diese Deklamationen ihrer Sentimentalität und ihrer moralisierenden Tendenz entkleiden, so bleibt soziologisch ausgedrückt die einfache aber wahre Tatsache übrig, daß Italien damals im Vergleich zu Griechenland ein armes, wirtschaftlich und kulturell rückständiges Gebiet gewesen ist.

Und in der Tat zeigte schon der äußere Anblick des Landes dies auf das deutlichste an. Waldreichtum ist im Altertum, wo absichtliche Schonung der Forsten aus volkswirtschaftlichen Gründen unbekannt ist, einer der sichersten Maßstäbe für die niedere Kulturstufe eines Landes, und wenn uns heute Italien als ein waldarmes Land erscheint, dessen offene Ebenen und kahle Gebirge uns vor allem auffallen, so stand es damit im Altertum anders.

Den Griechen, bei denen in der Zeit, von der wir reden, der Wald
schon knapp zu werden anfing, erschien Italien als ein Land voll
unermeßlicher und unerschöpflicher Wälder. Nicht nur die Gebirge
selber waren mit ihnen bedeckt, sondern sie stiegen in die Ebenen
und bis an die Küsten hinab. Latium wird uns als ein feuchtes
Waldland beschrieben, wo die Buche und Eiche weite Strecken der
Ebenen und der Meeresküsten beherrschte und die Tanne und Fichte
die Gebirge krönte. In das ursprüngliche Urwaldgebiet, das einst-
mals die ganze Halbinsel überdeckt hatte[1]), hatte eben die rodende
Hand des Menschen erst einzelne weite Lücken in den Tälern und
Ebenen gerissen, in denen die einzelnen Stadtgemeinden Fuß gefaßt hatten. Wald bildete ihre Grenze und der Waldgott Silvanus
wurde deshalb zu gleicher Zeit auch als der Gott der Grenze verehrt.

　Den Ciminischen Wald, wenige Meilen nördlich von Rom, vergleicht Livius für das Ende der 4. Jahrhunderts v. Chr. mit den
Urwäldern Germaniens, in den keines Kaufmanns Fuß sich gewagt habe. Die heute völlig waldleeren Gegenden von Caudium
und Benevent brachten durch ihre dichten Forsten den Heeren der
Römer und später des Pyrrhus Verderben, das Sabinerland,
Etrurien und Ligurien werden als besonders waldreich erwähnt
und in den weiten Ebenen des Po, die jetzt von Reis-, Mais- und
Weizenfeldern bedeckt sind, und wo unendliche Reihen von weit und
regelmäßig gestellten Maulbeerbäumen und Ulmen Seidenzucht und
Weinbau ermöglichen, trugen damals die ausgedehntesten Eichen-
wälder, die wie heute in den kulturell niedrig stehenden Ländern
an der unteren Donau, zur Schweinemast ausgenutzt wurden.

　Der weit unkultiviertere Zustand Italiens zeigte sich auch darin,
daß fast alle die Kulturpflanzen, welche heute den landschaft-
lichen Charakter der Halbinsel bestimmen, damals noch fehlten.
Ich rede nicht von denjenigen, welche überhaupt erst in neuerer
Zeit aus Asien oder Amerika hier eingeführt sind, wie die Orangen
und Zitronen, der Kaktus und die Agave, Reis, Mais, Kartoffel
und Tabak; sondern von Früchten wie die Kirsche und Pflaume,
die Aprikose und der Pfirsich, die Mandel, der Oleander und der

---

1) Philippson, Mittelmeergebiet, 2. Aufl. S. 153: Das heutige Mittelmeergebiet bildet die Südgrenze der großen Waldregion der nördlichen
gemäßigten Zone gegen den Wüsten- und Steppengürtel. Heutzutage be-
trägt die Waldfläche Italiens 15,7 % gegenüber Deutschland mit 26,8 %,
aber auch davon ist nur ein kleiner Teil Hochwald, der größte ver-
kümmerter Buschwald und niederes Gestrüpp, die sog. Macchia.

Hanf es sind. Alle diese gab es damals auch noch nicht in Italien.
Sie sind dem Lande erst zur Zeit der Weltherrschaft gebracht worden.
Klein war die Zahl der Kulturpflanzen, auf denen damals Italiens
Nahrung ruhte: Spelt und Weizen, Apfel und Birne, Rübe und
Gurke, vor allem Öl und Wein, dazu eine Anzahl von Blatt-
gemüsen und Hülsenfrüchten. Das waren die hauptsächlichsten Elemente für die frugalen Mahlzeiten der damaligen Bevölkerung,
die der bäuerliche Hausherr mit dem Gesinde zusammen einnahm
in jenem einfachen Bauernhause, wo das Atrium Empfangsraum,
Wohnraum, Eßraum und Küche zu gleicher Zeit darstellte. Burgartig, wie in mittelalterlichen Städten, waren damals die Häuser
der Vornehmsten Roms in der Stadt und burgartig, eng und finster
im Vergleich zu dem späteren Luxus selbst die Villen auf dem Lande.

Welch ein Abstand von der Kultur des Ostens, von seiner
Eleganz in allen Lebensbedingungen, von dem verfeinerten Lebens-
genuß, der hier in jeder Beziehung geboten wurde. Man stelle im
Geiste nebeneinander das unregelmäßig und altmodisch gebaute
Rom, seine kleinen Häuser, die noch bis vor kurzem Stroh und
Schindeln getragen hatten, die winkligen, schmalen, ungepflasterten
Gassen von 4 bis höchstens 6 Meter Breite, und die in großem
Stile angelegten Residenzen des Ostens, Städte wie Antiochia und
Alexandria, mit ihren regelmäßigen geraden Straßenzügen, ihren
Säulenhallen, ihren Basiliken, ihren Bauten aus glänzendem Mar-
mor. Oder man stelle die ärmlichen Wohnungen der Römer neben
den Raumluxus, die Eleganz und Bequemlichkeit, die dort herrschte,
und man wird sich des ungeheuren Unterschiedes bewußt werden,
der damals in allen diesen Beziehungen Italien von den hellenistischen Staaten trennte.

Und nicht minder groß war der Unterschied natürlich auf
geistigem Gebiete: hier kaum die ersten Anfänge höheren geistigen
Lebens, dort die höchste Geisteskultur und eine Welt, die seit Jahrhunderten Kopf und Herz an den höchsten Problemen von Wissenschaft und Kunst versucht hatte.

Es ist selbstverständlich nicht die Aufgabe, hier eine auch nur an-
nähernd erschöpfende Schilderung von dem Unterschiede des Kultur-
niveaus zwischen dem Osten des Mittelmeeres und Italien zu geben.
Es sollte nur an einigen herausgegriffenen Beispielen gezeigt werden,
wie gewaltig in dieser Hinsicht die Kluft gewesen ist. Denn diese Tatsache ist für das, was uns hier beschäftigt, nur in ihrer Allgemeinheit
bedeutungsvoll, darin aber auch in geradezu ausschlaggebender Art.

Wir hatten uns vorher die Frage vorgelegt, ob Rom den Wunsch und Willen haben konnte, mit dem Aufwande gewiß großer Mittel und großer Mühe und mit dem Risiko einer den nationalen Inter= essen entgegenlaufenden Politik die Herrschaft des Ostens anzu= streben. Hier, in der Tatsache dieses ungeheuren Kulturunter= schiedes ist die Antwort auf diese Frage mit voller Klarheit und Unzweideutigkeit gegeben: Mit allen Fasern seines Herzens, mit der ganzen Gewalt der Sinne, mit allem was in dem Menschen an Streben nach höherem Lebensgenuß, höherer Lebenshaltung, nach höheren geistigen Interessen vorhanden ist, mußte das römische Volk der Herrschaft des Ostens zustreben. Denn der Osten war die Kultur in jedem Sinne mit ihren verführerischen, wie mit ihren edelen Seiten. Habsucht, Genußsucht, Herrschsucht fanden hier ebenso ihre Rechnung wie das Streben nach dem Idealen, nach Wissenschaft, Kunst und den Verfeinerungen des Lebensgenusses, die sie in jeder Hinsicht gewähren. Der Kaufmann und Steuer= pächter, der jeder in seiner Art die reichen Länder exploitieren, der Soldat und Offizier, der sie ausplündern, der Beamte, der in ihrem Luxus und ihren Kulturerrungenschaften sich sonnen wollte, konnten hier die Befriedigung ihrer Wünsche in derselben Weise erreichen, wie der Jünger der Wahrheit und Schönheit an dem, was griechische Literatur und Philosophie seit Jahrhunderten her= vorgebracht hatten, Herz und Geist erfreuen und erheben konnte. Und gerade in der Vereinigung dieser disparatesten Bestrebungen des Guten wie des Schlechten, des Edeln wie des Gemeinen nach demselben Ziele hin, liegt die unwiderstehliche Kraft der ganzen Bewegung.

Es ist ein Gesetz, tief im Inneren des Herzens und Geistes — wenigstens unserer europäischen Rasse — geschrieben, daß sie vorwärts will, der Kultur entgegen und um so ungestümer natür= lich, je unmittelbarer ihr eine höhere Kulturwelt bei einem be= nachbarten Volke nahegerückt ist, ein Gesetz, das deshalb in der Geschichte auch überall in die Erscheinung tritt und mit elemen= tarer Gewalt wirkt. Es ist dasselbe Gesetz, das einst die Perser und die Völker des Nordens in die babylonische Kulturwelt hinab= geführt hat, das die Gallier nach Griechenland und Kleinasien, die Germanen ins römische Reich und die Kaiser des Mittelalters nach Italien gezogen hat; das Gesetz, das immer und überall die Völker niederer Kulturstufen in oft unverstandenem Drange nach den Brennpunkten höherer Lebenshaltung und Zivilisation hinzieht.

So ist es denn auch völlig verkehrt und einseitig, die Bestrebungen in Rom nach der Herrschaft über den Osten und seiner Kultur unter dem Gesichtspunkte moralisierender Sentimentalität, wie
wir das bei späteren römischen Schriftstellern gesehen haben, oder
wie der alte Cato vom liebgewordenen Standpunkte der Unkultur
aus zu betrachten. Sondern es vollzieht sich hier einfach eine historische Notwendigkeit, die gerade mit dem tiefsten inneren Wesen unserer Natur zusammenhängt und die trotz aller mit ihr verbunde-
nen verderblichen Begleiterscheinungen die Form ist, in der der
Völkerfortschritt überhaupt in die Erscheinung tritt.

Man hat, glaube ich, diesen elementaren, völkerpsychologi-
schen Charakter, der der römischen Eroberung des hellenistischen Ostens zugrunde liegt, bisher nicht genug zur Erklärung
der Tatsache herangezogen, indem man von einer weitschauenden
Politik des Senates sprach, die, von Herrschsucht und Habsucht geleitet, mit kühler Berechnung Schlinge um Schlinge nach dem
Osten ausgeworfen habe, bis das Opfer wehrlos und gefangen
dem Sieger zu Füßen lag.

Mommsen hat mit Recht diese Legende zerstört und hervorgehoben, daß der Wille und der Gedanke, die unmittelbare Herrschaft Roms im Osten zu errichten, den ersten Generationen der
Staatsmänner, die in die hellenistischen Verhältnisse eingriffen,
durchaus ferngelegen hat, daß vielmehr erst im Laufe der Zeit
und mit den immer günstiger sich gestaltenden Verhältnissen dieser
Gedanke erwacht sei und allmählich Form gewonnen habe.

Aber indem er diese schrittweise Entwicklung mit Recht hervorgehoben hat, hat doch auch er die rein politischen Motive zu
stark in den Vordergrund gerückt und damit jenen allmählich das
ganze Volk ergreifenden Grundtrieb des niederen Kulturvolkes nach
möglichst intensiver Berührung mit dem höheren und Aneignung
aller und jeder Kulturgüter nicht so sehr zur Darstellung kommen
lassen, wie das eine mehr völkerpsychologische Betrachtungsweise
tun muß. Denn hier war es überhaupt nicht der Witz eines Staats-
manns oder einer Körperschaft von Staatsmännern, die die Entwicklung der Ereignisse leiteten, sie nach Belieben zum Stehen
oder Gehen bringen konnte, sondern hier waren ganz andere in-
stinktive Kräfte des ganzen Volkes am Werke, ein Strom, der
seinen Weg auch fand, wenn niemand ihn wies, und der jedenfalls
keinen Führer brauchen konnte außer dem, der in seinen Bahnen
wandelte.

Jetzt erkennen wir auch, was uns vorher unbegreiflich erschienen war, nämlich weshalb dieses römische Weltreich keinen persön= lichen Schöpfer gehabt hat: In keines Menschen Geist war eben der Gedanke des römischen Weltreiches entsprungen, und kein ein= zelner hat ihn durchgeführt, sondern mit unwiderstehlichem, instinkt= artigem Triebe hatten die Massen nach diesem Ziele hingedrängt und die Kräfte des ganzen Volkes hatten hier bewußt oder unbe= wußt am sausenden Webstuhl der Zeit ihre Arbeit getan, sich aus niedrigerem zu höherem Kulturleben durchzuringen.

Aber wenn es uns so deutlich und verständlich wird, daß Rom den Willen haben mußte, die Hand nach der Herrschaft des Ostens auszustrecken, so erhebt sich jetzt mit um so größerer Dringlichkeit die zweite Frage, ob es auch die Macht dazu besessen hat? Lagen nicht vielleicht in den Verhältnissen Italiens selber oder in den Verhältnissen des Westens überhaupt innere und äußere Hinder= nisse vor, die bei aller Schwäche der hellenistischen Staatenwelt und bei allem Streben der Römer, hier einzugreifen, ein Vorgehen nach dieser Seite hin zur Unmöglichkeit machten?

Diese Fragen haben wir bisher noch gar nicht in den Kreis un= serer Betrachtung gezogen und wir werden deshalb jetzt noch ein= mal unseren Blick auf die Verhältnisse Italiens und des westlichen Mittelmeeres überhaupt zu richten haben, aber nunmehr nicht die kulturelle, sondern die allgemeine äußere und innere politische Lage ins Auge fassen müssen.

Da ist nun vor allem eine Tatsache scharf zu betonen. Rom war in dem Beginne der Periode, die uns beschäftigt, noch keines= wegs die Herrin des ganzen Westbeckens des Mittelmeeres, ja nicht einmal ganz Italiens im heutigen Sinne. In den weiten Ebenen des Po, heute dem Kernlande der Monarchie an Kraft und Bil= dung, hausten in der Zeit, von der wir reden, noch frei und un= bezwungen gallische Stämme. Noch im Jahre 225 hatten sie einen großen Raubzug nach Italien unternommen und die Er= innerung an die Alliaschlacht und die Zerstörung Roms wieder in allen Gemütern wachgerufen. Nur mit Aufbietung außerordent= licher Heereskräfte war es den Römern gelungen, die Räuber= scharen zu vernichten. Die Unterwerfung des Polandes selber, eine Notwendigkeit für die Sicherheit der Halbinsel, war über die ersten Anfänge noch nicht hinausgekommen und mußte vor= läufig noch auf geraume Zeit die römische Kraft in Anspruch nehmen.

Aber weit gefährlicher als undisziplinierte Gallierscharen drohte ein anderer Feind, ein Feind, der selber die Seeherrschaft über den größten Teil des westlichen Mittelmeerbeckens bis vor kurzem ausgeübt und den Römern den Besitz von Sizilien und Sardinien in einem bis fast zur völligen Erschöpfung beider Staaten geführten Kampfe von 23 Jahren streitig gemacht hatte: Karthago. Allerdings war Karthago in dem gewaltigen Ringen, das wir den ersten Punischen Krieg zu nennen pflegen, schließlich erlegen und hatte mit den Inseln seine Suprematie zur See für immer eingebüßt. Aber aus der Asche des verwüsteten Sizilien und Afrika hatte sich kräftiger und gefährlicher als vorher ein neues Königreich erhoben: die Herrschaft der Barkiden in Spanien.

Mit genialem Blicke hatte Hamilkar Barkas das Land gefunden, welches den Karthagern das verlorene Sizilien mehr als ersetzen konnte, das Land, welches in seinen kriegerischen Volksstämmen eine schier endlose Fülle von Söldnern zu liefern versprach, das in seinen Silberminen die Mittel zu ihrem Unterhalt gewährte und in seiner sich neu erhebenden Königsstadt und Königsburg in Karthago nova (jetzt Cartagena) einen Mittelpunkt erhielt, von dem aus die Organisation dieses weiten Reiches geleitet und überwacht werden konnte.

Hier wurde geschaffen, was bisher weder Rom noch Karthago besessen hatten, und was letzterem vor allem im Anfange eines Konfliktes eine unendliche Überlegenheit sichern mußte, ein Heer von Berufssoldaten und ein Stand von Berufsoffizieren, die zugleich durch die fortwährenden Kriege mit den spanischen Eingeborenen eine langjährige Schule praktischer Erfahrung unter einheitlicher Führung durchgemacht hatten. Es erstand hier mit dem neuen Reiche zugleich eine Armee, wie es damals im ganzen Umkreise des Mittelmeeres keine zweite mehr gab.

Es bedarf keines Wortes, daß, solange ein solcher Staat existierte, von einer Expansion nach dem Osten hin für Rom schlechterdings nicht die Rede sein konnte. Die bloße Existenz solcher Kräfte, selbst wenn sie zunächst ohne feindliche Absicht gesammelt worden wären, war ein absolutes Hindernis, seine Hinwegräumung die Vorbedingung für eine expansive Orientpolitik, d. h. eine Weltpolitik Roms.

Aber andererseits muß man auch sagen, daß diese Hinwegräumung potentiell zugleich der Gewinn der Weltherrschaft selber war. Denn Karthago war damals im ganzen Westbecken des Mittelmeeres die einzige wirklich für Rom gefährliche Macht und wie das bei einem Kampf zwischen so großen Gewalten selbstverständlich ist, mußten die kleineren und unzivilisierteren Völker dieser Gegenden, wie die erwähnten Gallier und andere, in den Strudel eines solchen allgemeinen Konfliktes mit hineingerissen werden, über sie also mit dem Siege zugleich der Richterspruch fallen.

So ist es denn vollkommen klar, daß Rom durch Karthagos Besiegung alleinige Herrin im Westbecken des Mittelmeeres wurde und eine Stellung gewann, die ihm, wie das für eine Politik nach Osten hin notwendig und unentbehrlich war, für ein beliebig langes und beliebig energisches Eingreifen völlige Rückenfreiheit gewährte.

Ein Kampf mit einem solchen Gegner mußte aber zweitens, wenn er siegreich durchgefochten wurde, auch innerlich für das römische Volk und den römischen Staat von den weitgreifendsten Folgen sein. Das Selbstgefühl eines Volkes, das einen solchen Staat und sein unbesiegbares Heer schließlich doch niedergerungen hatte, mußte gewaltig emporschnellen und jeden einzelnen Römer mit der stolzen Überzeugung erfüllen, daß seinem Volke keine Schranke unübersteigbar sei. Rom mußte mit der Durchführung dieses Riesenkampfes also zum vollen Bewußtsein seiner Kraft kommen; und wer es, wie unsere Generation seit 1870, mit erlebt hat, wie beflügelnd das Gefühl nationaler Großtaten und nationaler Kraft sowohl auf den Aufschwung eines ganzen Volkes wie auch auf die Tätigkeit jedes einzelnen in ihm einzuwirken vermag, der wird diesen unvergleichlich wichtigen Faktor für die Lebens- und Schaffensfreudigkeit des Volksganzen nicht zu unterschätzen geneigt sein.

Aber abgesehen von diesem sittlichen Aufschwunge mußte durch ein so schweres und langdauerndes Ringen mit einem gleichwertigen Gegner eine ganze Anzahl von anderen inneren Veränderungen vor sich gehen, die die Stellung Roms und der Regierung zu den italischen Bundesgenossen betrafen, besonders wenn ein solcher Krieg, wie es ja tatsächlich der Fall gewesen ist, lange Jahre hindurch im Lande selber ausgekämpft werden mußte.

Alle widerstrebenden Elemente, welche im Lande selber bisher einer vollen Ausnützung der Volkskräfte durch die Regierung entgegengestanden hatten, mußten aus der Niederlage des Gegners auch ihrerseits geschwächt hervorgehen, die Gewohnheit des Befehlens auf der einen, des Gehorchens auf der anderen Seite mußte sich in dem Kampfe um Sein und Nichtsein weit schärfer herausbilden, die Konzentration der ganzen Staatsmaschine mußte durch die gewaltige Kraftanspannung viel straffere Formen annehmen;

kurz, Rom mußte durch einen solchen siegreich durchgeführten Kampf
erst vollkommen in den Besitz der gesamten Kräfte des Landes
kommen und gegenüber den früher mehr selbständigen Bundesgenossen Italiens faktisch mehr und mehr in die Stellung der abso-
luten Herrin einrücken. Es bedarf keiner Erwägung, wie sehr auch
dieses Resultat eine konsequente und nachdrückliche Expansivpolitik
erleichtern mußte.

Der große Entscheidungskampf, dessen Folgen und Charakter wir so mit ganz wenigen Strichen skizziert haben, ist bekanntlich
der sogenannte zweite Punische Krieg oder der Hannibalische
Krieg gewesen (218—201 v. Chr.). In ihm haben wir daher
den Wendepunkt in den Geschicken Roms und der Länder des
Mittelmeeres überhaupt zu erblicken. Er ist es, durch den Rom
recht eigentlich die Weltherrschaft gewonnen hat, und so kann es
denn keinem Zweifel unterliegen, daß ebendieser Krieg zugleich die
entscheidende Entwicklungsperiode bezeichnet, die wir suchen
wollten, und von der wir gesagt haben, daß sie die ganze Folgezeit mitbestimme und alles, was nachher komme, nur als die notwendige Konsequenz ihrer Entscheidung erscheinen lasse. Der erste Teil
unserer Aufgabe, diese Periode zu finden, wäre damit gelöst.

Sie aber nun weiter in ihren einzelnen Phasen genauer
zu betrachten, um in ihr volles Verständnis einzubringen und zu
erkennen, welche geistigen und materiellen Kräfte hier miteinander
gerungen haben, durch welche Mittel es schließlich den Römern gelungen ist, über Hannibals Genie Herr zu werden und so ein Resultat zu erzielen, dessen Folge die Weltherrschaft gewesen ist,
das wird die Aufgabe sein, welche die nun folgende Darstellung
zu lösen haben wird.

II. Kapitel.

Die Kräfte und Organisation Roms und Karthagos.

1. Die geistigen Kräfte. Charakteristik Hannibals.

„Den denkwürdigsten Krieg von allen, die jemals geführt sind", so nennt Livius im Eingange seiner Schilderung den Krieg zwischen Hannibal und Rom und stellt ihn damit, auch abgesehen von seinen Folgen, als Vorgang an sich über alles, was er sonst noch an Kriegen im ganzen Verlauf seiner römischen Geschichte von Romulus bis auf Augustus Denkwürdiges zu berichten hatte.

Livius besaß wie kein anderer einen Überblick über die ganze Geschichte seines Volkes und hatte keinerlei Grund, einzelne Teile seines Werkes anderen gegenüber ungebührlich hervorzuheben; und so haben wir besonders von dem Standpunkte aus, den auch wir schon durch unsere bisherige Betrachtung gewonnen haben, keinen Grund, das Urteil im Munde eines solchen Mannes zurückzu-weisen. Aber wir werden uns trotzdem die Frage vorlegen müssen, worin denn eigentlich, abgesehen von den Folgen, die besondere Denkwürdigkeit und die Bedeutung gerade dieses Krieges vor allen anderen beruht.

Es versteht sich von selbst, daß ein Krieg, der 18 Jahre lang das ganze westliche und große Teile des östlichen Mittelmeerbeckens in Atem gehalten hat, und auf den verschiedensten Kriegsschau-plätzen von Spanien bis nach Griechenland hin zu gleicher Zeit geführt wurde, nicht nur durch die Größe der in ihm aufgewandten materiellen Mittel, durch den Reichtum an Wechselfällen, Um-schwüngen und Komplikationen jeder Art ausgezeichnet gewesen sein muß, sondern daß gerade die Verfolgung des Ineinander-greifens dieser verschiedenen Aktionen durch die geteilte und doch wieder in einem einzigen Streben konzentrierte Aufmerksamkeit eine ganz besondere Spannung und Teilnahme erwecken muß.

Dieses alles, so bedeutsam es ist, bildet indessen doch noch nicht das Hauptinteresse, durch welches wir uns gerade bei diesem Kriege angezogen fühlen, sondern, um es mit einem Worte zu sagen, dieses Hauptinteresse liegt auf moralischem Gebiet in dem großen Kampf von Charakter und Genie.

Die Opferwilligkeit und zäheste, bis zur Grenze des Zusammen= bruches angespannte Ausdauer eines ganzen Volkes, das, ohne einen besonders hervorragenden, genialen Führer zu haben, der es über das gewöhnliche Maß hinaus hätte mit sich fortreißen und begeistern können, seine Existenz an seine Großmachtstellung setzt und die trockene Charakterstärke besitzt, lieber Unerhörtes zu dulden, als seinen Willen beugen zu lassen, steht hier auf der einen Seite, und auf der anderen die überragende Kraft eines Genius ersten Ranges, der mit der Leidenschaft des Herzens die umfassendsten organisatorischen, staatsmännischen und feldherrlichen Eigenschaften verbindet, eine Welt gegen Rom in Waffen setzt und hält, aber nach den größten Triumphen es mit ansehen muß, wie die Schale seines Geschickes langsam doch unaufhörlich sinkt und zuletzt alles zusammenbricht, was er geschaffen hatte.

Die Großartigkeit des Kampfes dieser beiden moralischen Po= tenzen gegeneinander und die Tragik, die in dem von Hannibal selbst vorausgeschauten allmählichen Erliegen zutage tritt, der auch „wissend, schauend, unverwandt" sein Geschick vollenden mußte, das ist, glaube ich, das eine, was uns hier so sehr fesselt und dem Kampfe an sich eine überragende Bedeutung sichert.

Aber dazu kommt ein Zweites, das hiermit in engem Bunde steht, die Frage nach dem Wie? In welcher Weise konnten diese beiden geistigen Mächte gegeneinander und aufeinander wirken, wie erklärt sich daraus der ganze Gang der Ereignisse und vor allem die merkwürdige Tatsache, die geradezu das Hauptproblem dieses Krieges ist, daß Hannibal im Anfange des Krieges Schlag auf Schlag die römischen Armeen vernichtet und nach diesem Sieges= laufe ohnegleichen im Moment seines höchsten Triumphes vor Kannä plötzlich stille steht, keinen Schritt mehr vorwärts tun kann, sondern langsam weiter und weiter zurückgedrängt wird, bis er endlich ganz aus Italien weichen muß.

Wir werden uns über den ganzen großen Gang dieses Kampfes und die Probleme, die hier vorliegen, nicht anders Klarheit ver= schaffen können, als dadurch, daß wir bei diesem Einzelfalle wiederum, wie vorher im allgemeinen geschehen ist, die Kräfte prüfen und gegen=

einander abwägen, welche hier in Aktion getreten sind. Unter diesen Kräften sind aber natürlich nicht nur die materiellen zu verstehen, wie sie sich in der Stärke der Bevölkerungen und der Heere und den sonstigen Mitteln des Landes ausdrücken, sondern auch die geistigen Kräfte, die jene zu regieren und zu gebrauchen imstande waren, und die sich außer dem Gesagten für uns in erster Linie in den politischen und kriegerischen Zielen und Plänen der beiden Parteien erkennen lassen.

Je höher wir nun hierbei für den Gang der Ereignisse die Persönlichkeit Hannibals eingeschätzt haben, um so mehr wird die Frage gerade nach seiner ganzen Politik, seinen Zielen und Kriegsplänen sich hier in den Vordergrund drängen und um so wichtiger wird es sein, sich davon zunächst ein zutreffendes Bild zu machen. Da ist denn nun sofort zu konstatieren, daß die neuesten Forschungen hierüber zu anderen Ansichten gekommen sind, als sie uns allen von unserer Jugend her besonders durch die glänzende und lebendige Schilderung Mommsens geläufig geworden sind.[1])

Hamilkar Barkas — so lautet etwa die ältere Auffassung — war zwar mit tiefem Groll im Herzen am Ende des ersten Punischen Krieges aus Sizilien gewichen, aber doch nach ehrlichem Kampfe und mit ehrlichem Frieden. Da benutzte die römische Regierung wider die geschlossenen Verträge, wider Recht und Billigkeit eine innere Revolution im karthagischen Reiche, den sogenannten Söldneraufstand (241—238), die den Staat an den Rand des Verderbens gebracht hatte, um dem ohnmächtig am Boden liegenden Rivalen neue Abtretungen und Demütigungen abzupressen und ihn durch eine neue Kriegsdrohung zur Übergabe Sardiniens und zu vermehrten Geldzahlungen zu zwingen. Die wütendste Entrüstung über den Übermut, die Unehrlichkeit und Ungerechtigkeit eines unerbittlichen und seinem Vorteil schamlos ausbeutenden Gegners erfüllt die Herzen der Wehrlosen. Aber es gibt keine Wahl: Schweigend duldet und zahlt Karthago. Doch die Besten des Volkes legen den neuen, größeren Haß zum alten und sinnen auf Rache. Ihr ist Hamilkars ganzes Leben von jetzt an gewidmet, in diesem Rachegedanken erobert er Spanien und knüpft Verbindungen mit allen Feinden Roms an, deren er habhaft werden kann, in diesem Rachegedanken erzieht er seine Söhne,

---

1) Die nähere Begründung des hier Gesagten findet man in meinem Aufsatze „Hannibal als Staatsmann", Historische Zeitschrift von Meinecke (Bd. 103), 3. Folge, 7. Bd. (1909), S. 237 ff.

die Löwenbrut, und läßt sie noch als Knaben den Römern ewige Feindschaft schwören. Er bereitet so alles zum großen Schlage vor. Aber der Tod ereilt ihn zu früh.

Hannibal ist der Erbe seiner Gedanken und Entwürfe. Kaum zum Feldherrnamte gelangt, trifft er vom ersten Augenblicke an seine Maßregeln, die nichts sind als eine Kette von zweckmäßig, konsequent und energisch den großen Schlag einleitenden und vorbereitenden Taten: er vollendet mit angespanntester Energie die Unterwerfung Spaniens, um hier freie Hand zu bekommen, bricht einen Streit mit Sagunt vom Zaune, um einen Vorwand zum Kriege zu haben, reißt die Majorität des karthagischen Senates wider deren Willen in seine Bahnen, und zwingt so den Römern den Entscheidungskampf auf, der nicht nur sein Vaterland gegen künftige Übergriffe sicherstellen, sondern die ganze Existenz des Feindes völlig vernichten soll. So hat er schweigend wie sein Vater den Groll über erlittenes Unrecht im Busen getragen, die Rache planmäßig und ohne einen Augenblick zu verlieren vorbereitet, und als die erste Möglichkeit zum Handeln sich ergibt, das rächende Schwert der Vergeltung auf das Haupt des Feindes niedersausen lassen.

Man muß in der Tat sagen, der Größe und Einheitlichkeit entbehrt diese Auffassung nicht; wir freuen uns der imponierenden Kraft der Leidenschaft und des brennenden Gefühls des Unrechtes, das wir nachzuempfinden glauben, wir freuen uns vor allem darüber, wie es hier einmal in der Geschichte einem großen Gedanken gelungen sein soll, sich unter Hinwegsetzung über alle äußeren Hindernisse mit rücksichtsloser Gewalt in die Wirklichkeit zu übertragen und so gewissermaßen den Sieg des Geistes über den Stoff zu veranschaulichen. Aber trotzdem können wir diese ganze Anschauung doch nicht festhalten, da sie weder mit den Resultaten in Einklang zu bringen ist, welche die Betrachtung der allgemeinen Lage ergibt, noch mit den Ergebnissen, welche eine gründliche Einzelforschung. als richtig erkannt hat. Denn es ist wohl klar genug, daß wir uns Staatsmänner allerersten Ranges, wie Hamilkar Barkas und Hannibal es waren, die als die echten Söhne des größten antiken Handels- und Kaufmannsstaates wie kein anderer mit realen Kräften und realen Zielen zu rechnen gewohnt sein mußten, nicht als Ideologen denken dürfen, die aus verletztem Gerechtigkeitsgefühl unpraktischen und unerreichbaren Zielen nachstrebten. Solche Ziele wären es aber gewesen, wenn sie auf Roms Vernichtung ausgegangen wären. Denn das stand zu den Kräften wie zu der ganzen Politik ihres Staates im schroffsten Widerspruche.

Der Handelsstaat Karthago hat nie eine Welteroberungspolitik im großen Stile getrieben und konnte es nicht. Soweit wir die Geschichte Karthagos die Jahrhunderte ihrer Kämpfe mit den Griechen Siziliens hindurch zurückverfolgen, immer und überall hat diese Stadt fleißiger Kaufleute und friedlicher Handelsherren sich damit begnügt, seinen Handel zu schützen und Kriege zu führen, die wohl manchmal offensiven Charakter, aber stets nur defensive Tendenzen hatten. An eine Welteroberungspolitik konnte man hier gar nicht denken, nicht nur die Interessen waren dem entgegen, auch die Basis, auf der sich Karthagos Macht erhob, war dafür viel zu schmal. Denn in Afrika gebot Karthago kaum über ein Gebiet, das so groß war wie das heutige Tunis, und selbst darin nicht unbedingt, wie gleich näher ausgeführt werden soll. Und ebenso ließ das spanische Reich, das im wesentlichen nur den südwestlichen Teil der Halbinsel umfaßte, noch viel an Festigkeit und Stätigkeit der Zustände zu wünschen übrig.

So hat denn auch Karthagos größter Sohn, Hannibal, in seinen ursprünglichen Entwürfen nicht an eine Vernichtung Roms gedacht, sondern — und in dieser Beschränkung liegt seine wahre Größe — als er auf der Höhe seines Siegesruhmes stand, nach der Schlacht bei Kannä, hat er seinen Unterhändler Karthalo nach Rom geschickt, um einen billigen Frieden vorzuschlagen. Und in dem kurz darauf abgeschlossenen Vertrage mit dem Könige Philipp von Makedonien, den wir noch z. T. im Wortlaute besitzen, wird Freundschaft zwischen Rom und Karthago ins Auge gefaßt und auf Grund dieses Freundschaftsvertrags das Verhältnis zu anderen Staaten geordnet. Man hat mit Recht vermutet, daß etwa die Abtretung von Sardinien und Westsizilien an Karthago und die selbständige staatliche Gestaltung von Süditalien die Forderung des siegreichen Hannibal an Rom wiedergeben dürften.

Das sind die wirklichen Ziele von Hannibals Politik gewesen, hoch genug gesteckt, aber nicht überspannt. Die Durchsetzung dieser Forderungen hätte die Herstellung eines Gleichgewichtszustandes zwischen Rom und Karthago, keine Unterwerfung des Gegners und keine Weltherrschaft bedeutet. Wir haben es gerade in diesem Charakterzuge Hannibals — um eine Parallele aus der neuesten Geschichte heranzuziehen — nicht mit einem Geiste wie Napoleon sondern mit einem Geiste wie Bismarck zu tun. In der Beschränlung auf das Notwendige und in der Absicht, Dauerndes zu schaffen, zeigt sich die Eigenart des großen Karthagers. Die Auffassung Hannibals als eines Vernichters der römischen Nation als solcher ist spätere römische Erfindung, ebenso wie die vielen Fabeln von seiner ungemessenen Grausamkeit und seiner Verachtung jedes Rechtes, mit denen der große Mann später von seinen Feinden verunglimpft worden ist.

Diesem Charakter und dieser Politik Hannibals entspricht nun auch vollkommen sein Verhalten zu Beginn des Krieges. Durch das Bündnis mit Sagunt hatte Rom sich einen Eingriff in das eigenste Machtgebiet Karthagos in Spanien erlaubt. Es war nichts anderes, als wenn die Karthager einen norditalischen Gallierstamm in ihre Bundesgenossenschaft hätten aufnehmen wollen. Sie hatten damit eine Hand in allen spanischen Angelegenheiten. Ein Staat, der sich als Großstaat und selbständige Macht neben Rom betrachtete, konnte sich das nicht auf die Dauer gefallen lassen. Trotzdem hat Hannibal noch zwei Jahre lang gezögert, ehe er hier einschritt.   Er ist erst vorgegangen, als sich eine politisch günstige Konstellation bot, die es als möglich erscheinen ließ, daß die Römer, die damals in einen Krieg im Osten verwickelt waren, ihre Übergriffe in Spanien einstellen und auf Sagunt verzichten würden. Auch die Zustimmung der karthagischen Regierung hat Hannibal sich vor dem Angriffe ausdrücklich gesichert und so in jeder Beziehung vorsichtig und energisch zugleich gehandelt.

Das Bild des Staatsmannes Hannibal tritt uns also auch hier als das eines trotz seiner Jugend — er war damals erst 26 Jahre alt — außerordentlich umsichtigen und berechnenden Politikers entgegen, der einerseits mit geschickten Mitteln den Gegner ins Unrecht zu setzen, den richtigen Augenblick zu wählen und sich durch Sicherung aller Kräfte in seiner Heimat den Rücken zu decken weiß, und andererseits realen und erreichbaren Zielen nachstrebt, ohne sich selbst durch die glänzendsten Erfolge über das Dauer versprechende Maß hinauslocken zu lassen.

Daß er dabei mit der ganzen Leidenschaftlichkeit seines Herzens, mit Anstrengung aller seiner Geisteskräfte und unter Aufbietung aller Mächte, deren er habhaft werden konnte, sein Ziel verfolgte, daß er seine Verbindungen zu diesem Zwecke über die ganze Welt zu spannen verstanden hat, in jedem Staate von Bedeutung die Gegner Roms zu organisieren und zu vereinigen wußte, das ist ebensosehr ein Beweis für die dämonische Gewalt dieses Mannes über die Menschen, wie es belanglos ist für die Erkenntnis der Ziele, die er mit seiner Politik im letzten Grunde verfolgt hat. Denn auch seine nur auf die dauernde Schwächung, nicht auf die Vernichtung Roms ausgehende Politik bedurfte der Einsetzung aller und jeder Kraft, um zum Ziele geführt werden zu können. Darüber dürfte sich ein Hannibal von Anfang an am allerwenigsten im unklaren befunden haben.

Aber der Staatsmann Hannibal ist nur die eine Seite der geistigen Potenz, die wir bei der Beurteilung dieses großen Mannes und seines Einflusses auf Roms Weltkampf zu würdigen haben. Die andere, noch mehr ins Gewicht fallende Seite ist die Hannibals als Feldherr. Worin zeigt sich nun hier seine Genialität und sein überwiegender Einfluß auf den Gang der Geschicke? Zunächst natürlich und in erster Linie in seiner ebenso großartig gedachten, wie richtig berechneten und erfolgreich durchgeführten Offensive gegen Italien und in der Meisterschaft der großen Schlachtenlenkung, durch die er in die erste Reihe der Niederwerfungsstrategen tritt, die die Weltgeschichte kennt. Denn sein Feldherrngenie ist es gewesen, durch das er zunächst mit raschem Griffe den Römern die Offensive aus der Hand gerungen hat. Über den Ebro, die Pyrenäen und die Rhone war er hinüber, ehe ein römisches Heer ihm entgegentrat, und indem er seinen Marsch unbeirrt über die schon verschneiten Pässe der Alpen fortsetzte, erreichte er auch Italiens Gaue und konnte hier den Entscheidungskampf beginnen.

Nicht so sehr in der Konzeption des Gedankens, über die Alpen nach Italien vorzudringen, ist die Genialität dieses Unternehmens zu erblicken; — denn dieser Gedanke lag auf der Hand, wenn man die Offensive wollte, da Karthago über eine entsprechende Seemacht damals nicht verfügte — sondern die Genialität liegt in der Ausführung, bei der sich gleich hier beim ersten großen Auftreten dieses Feldherrn seine ungeheure Macht über die Gemüter seiner Soldaten zeigt und das blinde Vertrauen, das sie in ihren jungen Führer setzten. Diese dämonische Gewalt eines einzelnen über die Massen ist eines der sichersten Kennzeichen für eine wirklich geniale Natur. Man denke nur an die Gewalt, die ein Alexander bei Opis, ein Cäsar bei Kapua über ihre aufrührerischen Soldaten ausgeübt haben und die nur Männer von ihrer Geistesgröße ausüben konnten. Nur ein Mann mit solcher Gewalt konnte sich auch eines Alpenzuges erkühnen, der seinem Heere Unglaubliches an Entbehrungen und Strapazen zumutete und Unglaublicheres an Ver-

trauen und Zuversicht auf den Führer. In der Durchführung dieser
Belastungsprobe liegt der erste sichere Beweis für Hannibals über=
ragende Persönlichkeit und in der Tatsache, daß das Heer kampf=
fähig nach Italien gelangte, zugleich das erste große Gewicht, das
dieses Genie in die Wagschale des Kampfes geworfen hat.

Seine folgenden Taten, der Siegeslauf durch ganz Italien, die
Niederwerfung der römischen Armeen in sich immer überbietenden
Niederlagen bis Kannä hin, sind zu bekannt und zu anerkannt,
als daß sie hier noch besonders hervorgehoben zu werden brauchten.
Aber weniger bekannt und doch nicht minder bedeutsam ist die gleich
große Meisterschaft, mit der er unter ganz anders gearteten Ver=
hältnissen nach Kannä seine Methode der Niederwerfung aufgibt
und mit der gleichen Geschicklichkeit, wie vorher in Schlachten, jetzt
mit geringeren Kräften im Ermüdungskriege über ein Jahrzehnt
lang operiert, ohne je besiegt zu werden, dabei seiner Armee stets
absoluter Herr bleibt, und trotz immer wachsender Mißerfolge die
verschiedenen Volkselemente, aus denen sie zusammengesetzt ist, so
an seine Person zu fesseln versteht, daß kein Aufstand den inneren
Zusammenhalt jemals gestört hat.

Mit Recht hebt Polybios es deshalb als einen der bezeichnendsten
Züge in seiner Charakteristik dieses Feldherrn hervor, daß er es
verstanden habe, in den schwierigsten Lagen, in einem Kriege von
18 Jahren, die verschiedenartigsten Völker seines Söldnerheeres,
Karthager, Libyer, Spanier, Gallier, Griechen, Italiker, stets in so
guter Eintracht und Zufriedenheit zu erhalten, daß es nie unter
ihm zu einer Meuterei gekommen sei.

Dieses bewundernswerte Resultat seiner Feldherrentätigkeit zeigt
uns, glaube ich, noch mehr als die früheren Beispiele die Macht
des Mannes über die Gemüter. Denn wenn Erfolg und Vorwärts=
schreiten für den Feldherrn sprechen, dann ist es nichts Sonder=
liches, daß das Heer dem Führer zujauchzt und Vertrauen die Segel
des Schiffes füllt. Aber wenn bei jahrelang anhaltendem Unglück,
bei stetem Rückgang und schier aussichtslos scheinendem Ringen
Vertrauen im Heere, Einigkeit und Treue aufrecht bleiben, da muß
der Einfluß unsichtbarer und gewaltiger Geisteskräfte das Heer zu=
sammenhalten. Nicht Cäsar und nicht Napoleon liefern hier eine
vollgültige Parallele, ich wüßte einzig Friedrich den Großen anzu=
führen, der in seinem unermüdlichen Ausharren und in der Unter=
stützung seiner Getreuen, die er dabei fand, hier zum Vergleiche
herangezogen werden könnte.

Die Großartigkeit des Angriffes, der die nicht mindere Groß=
artigkeit des Ausharrens gegenübersteht, ist es also, die in ihrer
Doppelnatur den eigentlichen Grundzug im Charakter des großen
Puniers als Feldherrn ausmacht. Die Schmiegsamkeit, welche sich
mit gleicher Meisterschaft allen Lagen anpaßt und sie ausnützt,
die unerhörte Gewalt über die Menschen, die ihm zu Gebote steht,
die gewaltige Leidenschaft des Herzens, die sich doch der über=
ragenden Kraft des Verstandes beugt und ihn auch auf politischem
Gebiete nicht chimärischen, sondern realen und erreichbaren Zielen
nachstreben läßt, das alles zusammen genommen war es, was Hanni=
bal als Persönlichkeit im ganzen genommen in die Wagschale des
Entscheidungskampfes zu werfen hatte und geworfen hat.

Allerdings hat man in neuester Zeit den Versuch gemacht, einen
der glänzendsten Edelsteine aus der Ruhmeskrone Hannibals heraus=
zubrechen, indem man seinen großartigen Plan, Italien in Italien
anzugreifen, dargestellt hat als einen Notbehelf, zu dem er erst ge=
schritten sei, nachdem sein Plan, die Römer nach Spanien zu locken,
gescheitert wäre. Denn nach dem Gesetze, daß sich jede Offensive im
Vorgehen schwächt, sei er ja hier viel stärker gewesen, als nach Über=
schreitung der Alpen, hätte also viel klüger getan, hier den römi=
schen Angriff zu erwarten, und das auch in Wirklichkeit beabsichtigt.

Aber dieses, rein militärisch gedacht, richtige Raisonnement beruht
auf einer gründlichen Verkennung der Verhältnisse der antiken Staaten
Rom und Karthago und ihrer inneren Natur. Eine eingehendere Be=
trachtung der Basis, auf welcher die materiellen Kräfte Roms und
Karthagos beruhten, und der eigentümlichen politischen Struktur
dieser Staaten wird darüber alsbald volle Klarheit schaffen.

Auf die Schilderung dieser materiellen Kräfte und den inneren
Aufbau beider Staaten, deren Kenntnis uns ja auch abgesehen von
der aufgeworfenen Frage für das volle Verständnis der Ereignisse
schlechterdings nötig ist, haben wir daher nunmehr noch einen Augen=
blick unsere Aufmerksamkeit zu lenken.

2. Die materiellen Kräfte und der staatliche Organismus.

Wir haben über die waffenfähige italische Mannschaft, die da=
mals unter Roms Führung stand, einen sehr eingehenden und in=
teressanten statistischen Bericht, der uns über die Militärmacht
Italiens die erwünschtesten Aufschlüsse gibt, und aus dem wir er=
sehen, über welches für die damaligen Zeiten ungemein große
Menschenmaterial Rom verfügte.

ANuG 368: Kromayer, Roms Kampf um die Weltherrschaft.

Dieser Bericht ist bei Polybios erhalten und geht im letzten Grunde auf einen Zeitgenossen des zweiten Punischen Krieges, den Geschichtsschreiber Fabius Pictor zurück, der in hervorragender Stellung an dem Kriege teilgenommen hat. Danach zerfiel der Heerbann der Wehrpflichtigen bis zum 46. Lebensjahre in sieben Aushebungsbezirke.[1]) Es stellten nämlich die

Latinischen Kolonien	85000
Samniter	77000
Japygier und Messapier. . .	56000
Lukaner	33000
Abruzzenvölker über	24000
Etrusker u. Sabiner	54000
Umbrer u. Sarsinaten . . .	22000
über	351000

Dabei sind, wie man sieht, die griechischen Städte und die Bruttier, welche nicht zu den Togamännern gerechnet wurden, noch nicht mitgezählt. Mit ihnen zusammen können wir die Zahl der Wehrpflichtigen bis zum 46. Lebensjahre auf über 400000 ansetzen.

Aber das war nicht alles, was Italien besaß, sondern nur die Bundesgenossen Roms. Es ist dazu ferner die Zahl der eigentlichen römischen Bürger, der cives Romani, hinzuzurechnen, die nach dieser wie nach gleichzeitigen Zensuslisten auf 273000 erwachsene Männer anzusetzen ist. Von ihnen standen im waffenfähigen Alter bis zum 46. Jahre nach dem natürlichen Verhältnis der Jahrgänge, wie es heute in Italien ist, etwa zwei Drittel, also rund 182000 Mann, so daß die ganze Summe auf gegen 600000 Mann Waffenfähige bis zum Alter von 46 Jahren hin veranschlagt werden kann.

Das also war das Reservoir, aus welchem sich Roms Heere stets von neuem ergänzen konnten, wenn die eine oder andere Armee durch einen Feind zugrunde gerichtet war. Denn die damaligen Heere hatten in Übereinstimmung mit der noch verhältnismäßig unentwickelten Kunst in der Regierung großer Truppenmassen und der Überwindung der Schwierigkeiten für ihre Ver=

---

1) Ich gebe die Zahlen der Liste im Anschluß an die Untersuchung von Beloch, Bevölkerung der griech.=römischen Welt. S. 353 ff.

Nach Mommsens Rechnung (röm. Forsch. II 382 ff.), die ich indessen nicht für zutreffend halte, stellt sich die Gesamtsumme noch beträchtlich höher, nämlich auf 443000 Bundesgenossen und 325300 Römer, zusammen also auf 768300 Mann.

proviantierung gewöhnlich nur die uns sehr klein vorkommende Stärke von 20 bis höchstens 40000 Mann.

Welche Massen konnte nun Hannibal, so fragen wir weiter, diesen Wehrkräften Italiens entgegenstellen? Hannibal hat bei Beginn des Krieges nach Polybios in Spanien rund 26000, in Afrika 20000 Mann zurückgelassen und den Marsch selber mit 59000 Mann über die Pyrenäen nach Italien angetreten. Das sind allerdings nur 105000 Mann, aber es ist das auch nur die aktive Armee. Wie groß die Wehrkraft Spaniens und Afrikas im ganzen gewesen ist, wieviel Truppen Hannibal bei Anspannung aller Kräfte aus diesen Ländern ziehen konnte, wie groß also sein Reservoir an Menschen gewesen ist, darüber sind uns leider aus dem Altertum keine Nachrichten erhalten.

Von jenen 59000 Mann, mit denen Hannibal seinen Marsch antrat, hat er nun aber nur 26000 Mann wirklich nach Italien gebracht. Diese geringe Zahl, im Vergleich mit den ungeheuren Massen, die Rom aufstellen konnte, scheint nun doch in der Tat Hannibals Offensive geradezu zu einer Tat des Wahnsinnes zu stempeln. War doch diese Armee nicht größer als eine einzige konsularische Armee von zwei Legionen, während die Römer unter ganz gewöhnlichen Verhältnissen jedes Jahr vier Legionen aufstellten und diese Zahl im Laufe des Krieges selber gelegentlich bis auf 25 Legionen erhöht haben?

Da war es doch — sollte man meinen — trotz der größten taktischen Überlegenheit der karthagischen Truppen und trotz des überragendsten Feldherrngenies Hannibals eine bare Unmöglichkeit, hier auf Erfolg rechnen zu wollen, und es scheinen also diejenigen recht zu behalten, die eine Aussicht auf dauernde Erfolge für die Karthager nicht in Italien, sondern in Spanien annehmen zu müssen glauben.

Trotzdem ist das Gegenteil richtig, und der Grund dafür liegt in der eigentümlichen Struktur des römischen Staatswesens, die einen Schluß aus rein militärischen Verhältnissen, wie wir ihn heutzutage mit Recht ziehen würden, verbietet, und vielmehr die uns paradox erscheinende Annahme rechtfertigt, daß man damals mit 20—30000 Mann in der Tat eine mehr als zwanzigfache Übermacht im großen ganzen gleich tüchtiger Truppen überwinden konnte. Damit verhält es sich nun folgendermaßen:

Von einem einheitlichen, ganz Italien umfassenden Staatsorganismus, wie wir ihn in unseren modernen Staaten vor Augen haben,

kann man in der damaligen Zeit überhaupt nicht reden. Ebenso=
wenig von einer einheitlichen italischen Nation. Sondern Rom
stand nur an der Spitze eines Bundes der Italiker, deren Städte
und Landschaften mehr oder minder selbständig waren, und deren
Verhältnisse zu Rom durch lauter einzelne, sehr verschiedenartige
Verträge geregelt wurden.

Die eben aufgezählten Bestandteile der italischen Wehrmacht,
bzw. der Bevölkerung bildeten daher eine keineswegs homogene
Masse. Sie zerfielen sowohl nach ihrer staatsrechtlichen Stellung
wie nach ihren Nationalitäten in mehrere, sehr wesentlich vonein=
ander verschiedene Teile. Der rechtlichen Stellung nach haben
wir zwei große Klassen zu unterscheiden: erstens die römischen
Bürger (cives Romani) und zweitens die Bundesgenossen
(socii).

Aber diese beiden Klassen hatten in sich wiederum Unterabtei=
lungen. So gab es unter den römischen Bürgern solche mit vollem
Recht (optimo iure) und solche mit minderem Recht, die nur privat=
rechtlich gleichgestellt waren, aber weder aktives noch passives Wahl=
recht besaßen (cives sine suffragio). — Noch viel bunter aber
waren die Abstufungen unter den Bundesgenossen, denen nur
das eine allen gemeinsam war, daß sie nicht zur römischen Bürger=
schaft gehörten, sondern, wie gesagt, lauter einzelne für sich selb=
ständige, man könnte vielleicht sagen souveräne, Gemeinden bildeten,
denen zwar durch ihren Spezialvertrag mit Rom regelmäßig die
Kriegshoheit entzogen war, die aber im Inneren mit mehr
oder minder großer Selbständigkeit ihre Angelegenheiten selbst ver=
walteten. — Untereinander standen alle diese Gemeinden über=
haupt in keinem Bundesverhältnisse, so daß man, strenge genommen,
dies ganze staatsrechtlich höchst merkwürdige Gebilde nicht einmal
als einen Bund bezeichnen und das Italien von damals im Sinne
unserer heutigen Theorie daher weder als einen Staatenbund und
noch viel weniger als einen Bundesstaat qualifizieren kann. Son=
dern die Verfassung, wenn dieser Name überhaupt erlaubt ist, be=
stand aus einem Bündel von lauter einzelnen Staatsverträgen,
die lediglich Rom mit den anderen Gemeinden abgeschlossen hatte.

Die großen Verschiedenheiten, welche diese einzelnen Bünd=
nisse aufwiesen, hingen damit zusammen, in welcher politischen
Situation die einzelnen Städte bei Schließung des Bundes mit
Rom gewesen waren; und Rom hatte mit wohlberechneter Politik
auf sehr starke Unterschiede und Abstufungen gesehen, damit nicht

gleiche Interessen die einzelnen Städte gegen Rom zusammenführen
könnten. So gab es Bündnisse mit so günstigen Bedingungen, daß
die Bürger dieser Städte wiederholt die Annahme des römischen
Bürgerrechts, welches ihnen angeboten wurde, ablehnten. Das
waren besonders die latinischen Städte, bei denen eine Verfassung
bestand, die der römischen zum Verwechseln ähnlich war. Ganz so
wie Rom selbst hatten diese Städte ihre selbstgewählten Konsuln
oder Diktatoren, Prätoren, Tribunen und Quästoren, ihre Volks-
versammlung und ihren Senat. Sie regierten sich im Inneren völlig
unabhängig, und es charakterisiert ihre Stellung als selbständige
Staaten neben Rom, daß sie z. B. das Recht hatten, römische Ver-
bannte bei sich aufzunehmen, die als Ausländer unbehelligt von
Rom bei ihnen leben konnten. — Eine besondere Klasse unter
ihnen waren die latinischen Kolonien, welche — mit den
älteren römischen Kolonien zusammen — die festeste Stütze der
römischen Macht bildeten. Mehr als 30 Festungen überall dort
angelegt, wo die Römer in dem Kampfe um die Herrschaft Italiens
die Gegner besiegt und ihnen Land abgenommen hatten, waren
sie die absolut sicheren Punkte der römischen Herrschaft. Meist an
den Militärstraßen, die nach Rom und von Rom fortführten, oder
in deren Nähe und unter Berücksichtigung der strategisch wichtigen
Stellen gegründet, beherrschten und zerschnitten sie überall die Landschaften und hinderten einheitliches Vorgehen gegen Rom. Die
Kolonisten auf diesem eroberten Gebiete hatten bei einem Falle
Roms natürlich das Ärgste für sich zu fürchten, nämlich Vertrei-
bung von Haus und Hof, und waren daher mit Gut und Blut
für die Römer. Keine einzige dieser Kolonien ist in dem langen
Kriege in Hannibals Hand gefallen. Aber andere Bundesgenossen waren dafür um so schlechter gestellt: diejenigen nämlich,
die von Rom in hartem Kampfe besiegt waren und denen man
große Teile ihrer Ländereien z. T. eben zugunsten jener Kolonien
abgenommen hatte. Doch waren auch unter diesen noch wieder die
mannigfachsten Unterschiede und Abstufungen vorhanden.

Mit diesen rechtlichen fallen die nationalen Unterschiede,
die für uns fast noch wichtiger sind, nur teilweise zusammen. Wir
haben in dem italischen Bunde von damals ein buntes Nationali-
täts- und Sprachengewirr. Die Hauptgruppen sind erstens: die
latinische Nationalität, zu der die herrschende Stadt selber ge-
hört. Mit allen ihren Verzweigungen in den Kolonien und ihrem
sich weiter und weiter ausbreitenden Sprachgebiet hatten sie damals

wohl schon den größeren Teil von Mittelitalien eingenommen, mit
Ausnahme besonders von Etrurien, wo die zweite hauptsächliche
Sprachgruppe, das nach seinem Ursprung und seiner Zugehörigkeit
noch immer rätselhafte alte Kulturvolk der Etrusker seinen Haupt=
sitz hatte. Die dritte große Gruppe, mit oskischer Sprache bilden
die Gebirgsvölker Süditaliens und Kampaniens: die Samniter,
Lukaner, Kampaner und andere; die vierte die Bewohner Apu=
liens und die fünfte endlich die griechischen Städte, die überall
in Süditalien an den Küsten des ionischen und tyrrhenischen Meeres
lagen.

Wir sehen also, wir haben in dem damaligen Italien weder in
rechtlicher noch in nationaler Beziehung eine Einheit vor uns, son=
dern ein außerordentlich künstliches Staatengebilde, das aus den
disparatesten Bestandteilen zusammengesetzt war.

Wie sehr sich nationale und rechtliche Verschiedenheiten z. T.
kreuzten, erkennen wir an nichts besser als an der Stellung der
oskisch sprechenden Kampaner von Kapua. Diese waren nicht Bundes=
genossen, sondern römische Bürger, allerdings gezwungene Bürger
minderen Rechtes und deshalb lange nicht so zuverlässig wie z. B.
die Latiner, die zwar nur Bundesgenossen, aber von derselben Natio=
nalität wie Rom und ganz auf die Hauptstadt angewiesen waren,
besonders wenn sie wie die latinischen Kolonien noch dazu auf
fremdem Boden lagen.

Zu diesen rechtlichen und nationalen Verschiedenheiten kamen nun
aber drittens noch Spaltungen sozialer Art, die sich besonders
da zeigten, wo sich städtisches Leben entwickelt hatte, also in den
Griechenstädten der Küste, aber auch in den alten binnenländischen
Landschaften wie Kampanien, Apulien und Etrurien. Hier stand
sich, wie uns das ja aus den bekannteren Verhältnissen von Griechen=
land geläufig ist, überall eine aristokratische und eine demokratische
Partei gegenüber, von denen die aristokratische, die von Rom be=
günstigt wurde und von ihr oft zur Herrschaft gebracht war, natür=
lich zu Rom hinneigte, während die gegnerische sich ebenso natür=
lich zu den Feinden Roms hingedrängt fühlte.

Diese Verhältnisse, welche uns über die ganze rechtliche und
politische Lage von Rom und Italien Aufschluß geben, zeigen nun
zugleich, wo eigentlich Roms hauptsächliche Schwäche lag: in
der Widerspenstigkeit der eigenen Bündner gegen die Herrschaft
Roms, in der Möglichkeit, Italien mit seinen eigenen Kräften zu
bekämpfen und niederzuwerfen.

Aber ein Zug fehlt noch in dem Bilde der damaligen Verhält=
nisse, ohne den es nicht vollständig sein würde. Er betrifft die
Gallier in Oberitalien. Dieser Volksstamm stand seit langen Jahren
mit Rom in der erbittertsten Fehde und war bis in die jüngste Zeit
hin einer der gefährlichsten Gegner Roms gewesen. Noch im Jahre
225, also nur 7 Jahre vor Ausbruch des Krieges, hatten die
Gallier einen verheerenden Zug mit gewaltigen Scharen nach Mittel=
italien gemacht und waren nur in schwerer Schlacht von den Rö=
mern besiegt worden. Jetzt kämpften sie gerade den Kampf um ihre
Existenz, die von den Römern durch Anlegung mehrerer Kolonien
in ihrem Lande schon ernstlich bedroht wurde. Sie waren bereit,
ihre Kräfte jedem zur Verfügung zu stellen, der ihnen in dem
Kampfe gegen Rom beizuspringen geneigt war.

So erkennen wir in dem unter Roms Herrschaft scheinbar so
fest gefügten, geeinten Italien in Wirklichkeit eine Macht, die von
den schlimmsten Feinden im eigenen Lande umgeben und bedroht
und nur dann ihre ganze Kraft nach außen zu wenden imstande
war, wenn den inneren Feinden keine Hoffnung gewährt wurde, bei
günstiger Gelegenheit die lästige Herrschaft des Vorortes abzuschütteln.

Nicht wesentlich anders lagen nun aber die Verhältnisse auch
bei Karthago, über welches wir zwar im einzelnen viel weniger
gut unterrichtet sind, dessen Lage wir aber doch wenigstens in
groben Zügen zu 'erkennen vermögen. Auch Karthago war wie
Rom nur eine herrschende Stadt in ihrem Gebiet und keineswegs
ein einheitlicher Staat im modernen Sinne. Auch Karthago stand
an der Spitze von einer Reihe stammverwandter phönikischer Städte
in Afrika, wie Rom an der Spitze der stammverwandten Latiner;
aber wie dieses über noch viel mehr fremdsprachige und anderen
Nationalitäten angehörige Untertanen verfügte, so standen auch bei
Karthago neben den stammverwandten Phönikiern die stammfremden
Berberstämme in Afrika und waren in mehr oder weniger strenger
Abhängigkeit als Untertanen und Bundesgenossen dem Staate zu=
gesellt. Und noch ungünstiger stand es womöglich in dem eben erst
teilweise unterworfenen Spanien. Freiheitliebende, barbarische Völker
bildeten hier die große Masse der Untertanen, die, durch die Über=
legenheit der punischen Waffen niedergehalten, durch die Kultur, die
die Fremden brachten, angelockt zugleich und lüstern gemacht, nur
auf die Gelegenheit warteten, das verhaßte Joch abzuwerfen, sich
mit Hilfe wessen auch immer auf eigene Füße zu stellen und die Ein=
bringlinge aus dem Lande zu jagen.

8. Die Ergebnisse.

Aus diesem Überblick über die materiellen Kräfte der Staaten und ihre innere Organisation ergeben sich nun Folgen wichtiger Art, und zwar nach zwei Seiten hin. Zunächst für die Art und Weise, wie man diesen Staaten am besten beikommen konnte, also für die Beurteilung der Kriegsentwürfe im Großen. Wenn Rom sowohl wie Karthago mit dem Maßstabe moderner Anschauung gemessen nur halbfertige Staaten waren, die keine homogene, von einem Staatsgedanken durchdrungene Bevölkerung besaßen, sondern in ihrem Inneren von einer Menge staatsfeindlicher Elemente durchsetzt waren, die sehnlichst auf den Landesfeind warteten, dann war es klar, daß gerade hier eine Offensive in Feindesland hinein, selbst mit scheinbar ganz ungenügenden Mitteln, weit bessere Chancen des Erfolges bot, als das bei der Gestaltung unserer modernen Staaten der Fall sein würde; daß es also vollkommen verkehrt ist, rein militärische Erwägungen, die auf unsere Zeit passen, auf diese ganz anders gearteten Verhältnisse zu übertragen. Gelang es nämlich einem Feinde, im Lande selbst Fuß zu fassen, so regten sich alle die unterdrückten Gewalten, die sonst die herrschende Stadt mit starker Faust niederhielt, und alle die Kräfte, die sie sonst für ihre militärischen und politischen Zwecke verwenden konnte, fielen jetzt mehr oder weniger dem Gegner zu.

Die unterirdischen Gewalten, möchte man sagen, die das auf einem Vulkan erbaute römische Staatsgebäude bedrohten, zum Ausbruche zu bringen, das war also der Sinn von Hannibals Offensive auf Italien, das große Mittel, auf welches er mit richtiger Erkenntnis allein seine Siegeshoffnung gesetzt hatte. Glückte es ihm, die Eröffnung des Krieges in Italien selbst zu erzwingen, so konnten dagegen alle Schwierigkeiten des Weges, alle einmaligen, wenn auch noch so großen Verluste an Truppen und Material nicht im mindesten in Betracht kommen. — Und hierfür war es nun ein unschätzbarer Gewinn, daß gerade die Gallier das erste Land, das er in Italien betreten mußte, besaßen. Hier konnte er also sein Heer nach den Strapazen des Alpenüberganges wiederherstellen, die Lücken füllen, den Abgang ergänzen. So haben denn in den großen Entscheidungsschlachten gegen Rom am Trasimenus und bei Kannä die Gallier auch in der Tat mehr als die Hälfte seiner Armee gebildet und ihm seine Siege überhaupt erst möglich gemacht.

Aber so wesentlich für ihn die gallische Hilfe war, eines ist nicht dabei zu verkennen: Die Kriegführung, welche sich der Gallier bediente, mußte die größten Schwierigkeiten haben, sich zugleich auf die anderen Italiker zu stützen. Das war ein Gegensatz, wie er ärger kaum gedacht werden konnte. Die gallischen Raubscharen waren seit Jahrhunderten die Plage der seßhaften und friedlichen Bevölkerung Italiens und aller ihrer Nationalitäten gewesen. Im Kampfe gegen sie war Rom groß geworden, war es an die Spitze der Italiker getreten, war es Schild und Schwert Italiens geworden. Im Gegensatz zu den Galliern, den Hosenmännern, hatte ein allgemein italisches Nationalgefühl, das der Togamänner, angefangen, sich unter Roms Fittichen zu entwickeln.

Konnte der Mann, der den Erbfeind Italiens ins Land führte, zugleich die Freiheit und das Wohl der Italiker wollen? Und konnte der Masse des italischen Volkes die Wahl schwer werden, wenn es sich darum handelte, Roms wenn auch oft drückende Herrschaft weiter zu tragen, oder dem fremden gallischen Räuber ausgeliefert zu werden? Wir werden nicht fehlgehen, wenn wir diesem Gegensatz einen tiefgreifenden Einfluß auf den Gang der Ereignisse zuschreiben und in ihm eine der Ursachen erkennen, an denen Hannibals großes Unternehmen schließlich doch gescheitert ist.

Aber alles in allem genommen bleibt es doch wahr, daß nur in Italien Hannibal die Kräfte zuwachsen konnten, mit denen er den gewaltigen Bau der italischen Genossenschaft zertrümmern, die Überzahl der italischen Wehrmacht zerschmettern konnte. Die Verlegung des Krieges in dieses Land, die Durchsetzung der Offensive, war und blieb trotz des unvermeidlichen Widerspruches, in den Hannibal sich dadurch setzen mußte, die Vorbedingung großen und dauernden Erfolges gegen Rom.

Nicht weniger wichtig als für Hannibal war natürlich die Offensive aber andererseits auch für Rom. Wenn ein Einfall des Gegners in ihr Land so verheerende und revolutionierende Wirkung ausüben konnte, so war das sicherste Mittel dagegen, ihn möglichst fern von den Grenzen zu halten, und das konnte man natürlich am wirksamsten tun, wenn man selber in Feindesland vorging, wobei sich dieselbe Gunst der Lage auch hier dem Angreifer bot. Haben doch die Römer tatsächlich in Spanien mit nur zwei Legionen den Karthagern den erfolgreichsten Widerstand geleistet und mit vieren unter Scipio schließlich das ganze Land erobert; und hat doch derselbe Scipio endlich mit zwei Legionen den

Krieg in Afrika beendet. Denn hier waren die iberischen Hilfstruppen, welche befreundete Völkerschaften boten, waren die Reiterscharen Massinissas und seiner Numider dieselben wesentlichen Faktoren für die Römer bei ihrem Offensivkriege, wie dort die Gallier und Italiker für Hannibal.

So erklärt sich denn der Wettlauf — möchte man sagen — um die Offensive, den wir Karthager wie Römer beim Beginn des Krieges mit scheinbar ganz ungenügenden Kräften antreten sehen. Denn auch die Römer hatten natürlich die Situation vollkommen verstanden und haben deshalb von Anfang an den Plan verfolgt, den Krieg, und zwar sogar mit doppelter Offensive, sowohl nach Spanien als nach Afrika zu tragen. Da ist es denn Hannibal gewesen, der durch seinen schnelleren Stoß wenigstens die eine dieser Bewegungen, die auf Afrika, zurückgeworfen hat; und, obgleich er mit seinem Alpenmarsch unendlich größere Schwierigkeiten zu überwinden hatte, als die Römer, denen das Meer gehörte, mit ihren Seeexpeditionen, so ist er ihnen doch zuvorgekommen und hat durch diesen Erfolg den Hauptkriegsschauplatz des gewaltigen Ringens fast für seine ganze Dauer nach Italien gebannt.

Als Kampf zwischen Genie und Charakter haben wir im Beginne dieses Kapitels den Kampf zwischen Hannibal und Rom bezeichnet. Hannibals Genialität auch im Entwurfe und der Durchführung des Gesamtkriegsplanes modernen Mißverständnissen gegenüber wieder ins rechte Licht gesetzt zu haben, ist das eine Resultat, welches sich uns aus der Betrachtung der materiellen Kräfte und der Organisation beider kämpfenden Staaten ergeben hat. Das andere nunmehr zu besprechende liegt auf dem Gebiete der römischen Leistungen in diesem Kriege und soll uns ein, soweit wie das möglich ist, konkret anschauliches Bild von der ungeheuren Anspannung und der charaktervollen Ausdauer geben, mit der dieses Volk als Gesamtheit dem Ansturm seines genialen Gegners standgehalten hat.

Eine zahlenmäßige Darstellung können wir dabei allerdings nur für einen Teil der italischen Bevölkerung beibringen, nämlich für die **römischen Bürger** selbst. Denn für die Leistungen der Bundesgenossen, die in dem langen Kampfe auf ihrer Seite ausgeharrt und nicht zu Hannibal abgefallen sind, fehlt es an jeder quellenmäßigen Unterlage. Aber es genügt ja auch, wenn wir uns eine Vorstellung von der Anspannung und der Energie der Römer selber zu machen imstande sind.

Nach den römischen Zensuszahlen und dem eben besprochenen

Verzeichnis der Wehrpflichtigen vom Jahre 225 betrug nun die Zahl der erwachsenen römischen Bürger männlichen Geschlechtes am Anfange des Krieges rund 280000, in der Mitte 237000, am Ende 214000 Mann.[1]) Das führt auf eine Gesamtbevölkerung von rund 1 Million im Beginn und rund $\frac{3}{4}$ Millionen am Ende des Krieges. Die Viertelmillion, um die die Bevölkerungszahl, statt zu wachsen, im Laufe der 18 Kriegsjahre zurückgegangen ist, stellt den Verlust dar, den die Römer durch Schlachten und Verwüstung des Landes erlitten haben, d. h. es sind nicht weniger als 25% der Gesamtbevölkerung in diesem Kriege zugrunde gegangen. Zu diesen ungemein starken materiellen Verlusten stehen nun die ebenso starken Anstrengungen der Bevölkerung in entsprechendem Verhältnisse.

Während dieser Zeit haben die Römer nämlich durchschnittlich 18—19, seit Kannä sogar durchschnittlich 20 Legionen unter Waffen gehalten.[2]) Die volle Stärke einer römischen Legion an Bürgertruppen — von den Bundesgenossen, die noch etwas mehr Truppen zu jeder Legion stellten, ist hier nicht die Rede — betrug nun in der damaligen Zeit 4500 Mann, und so würden 20 Legionen einer Kopfzahl von 90000 Mann entsprechen. Es ist aber eine physische Unmöglichkeit, anzunehmen, daß ein so großer Prozentsatz der Bevölkerung 18 Jahre dauernd unter Waffen gestanden hätte. Denn das wären über 10% der Gesamtbevölkerung und mehr als die Hälfte aller dienstpflichtigen Männer vom 18. bis zum 46. Jahre. Man hat daher mit Recht angenommen, daß der wirkliche Bestand der Legionen im Laufe des Krieges, wie das bei Truppen, die lange unter der Fahne im Felde stehen, naturgemäß immer geschieht, sehr beträchtlich unter den Sollbestand gesunken sei. Wenn uns nun auch der ganze Gang der Operationen und die genaue Beobachtung der römischen Kriegsentwürfe für die einzelnen Jahre verbieten, in dieser Herabsetzung allzuweit zu gehen[3]),

---

1) Über diese Zahlen und ihre Bedeutung verweise ich auf die Ausführungen v. Beloch, Bevölkerung der alten Welt, S. 346f. u. 312ff. Die Zahl von rund 280000 ergibt sich aus der natürlichen Zunahme der Bevölkerung in den Jahren von 230/229 bis zum Beginn des Krieges.

2) Nach der Zusammenstellung von Cantalupi (studi di stor. antica von Beloch, I. 42) dem ich mit Ausnahme der Ansetzung für Kannä folge. Die Abstriche, welche Beloch selbst in seiner aggiunta zu diesen Ausführungen gemacht hat, halte ich in ihrer Mehrzahl nicht für richtig, noch weniger seine späteren Reduktionen. (Klio III 475.)

3) Genaueres darüber in meinen „Antiken Schlachtfeldern" Bd. III; Metaurus, Beilage.

so wird man doch, um nicht etwas sachlich Unmögliches für wahr zu halten, sich dazu verstehen müssen, anzunehmen, daß der wirkliche Bestand der Legionen durchschnittlich auf etwa $3/4$—$2/3$ des Sollbestandes heruntergeglitten sein wird und wir also mit Legionen von etwa 3000—3500 Mann und daher einer Gesamtmacht an römischen Bürgertruppen von etwa 60000—70000 Mann zu rechnen haben werden. Das wären immer noch $7 1/2$% der freien Gesamtbevölkerung. Allerdings ermäßigt sich diese Zahl insofern noch um ein kleines, als zur Gesamtbevölkerung ja auch die Sklaven gehören und dieser Bevölkerungsteil in der Not dieser Zeiten gleichfalls, wenn auch in geringem Maße, zur Militärpflicht in den Legionen mit herangezogen worden ist. Wir können darnach die Zahl der dauernd bei der Armee befindlichen Mannschaften vielleicht auf etwa 7% der Gesamtbevölkerung ansetzen.

Das erscheint nun vielleicht dem Laien gar nicht so viel, ist in Wahrheit aber eine ganz enorme Leistung, deren Verständnis uns erst klar wird, wenn wir einige Zahlen zum Vergleiche aus der modernen Kriegsgeschichte heranziehen. Im Volkskriege 1870/71 betrug die Gesamtzahl aller in Frankreich stehenden Mannschaften nur 2% der Bevölkerung, die Zahl sämtlicher zum Dienste einberufenen Mannschaften zur Zeit des höchsten Standes bei der mobilen und inmobilen Armee zusammengerechnet, noch nicht $3 1/2$% (genau 3,3%) der Bevölkerung[1]), also etwa die Hälfte von dem, was die Römer unter Waffen gehabt haben. Und diese Anspannung dauerte noch dazu nicht wie dort 18 Jahre, sondern in dieser Höhe nur wenige Monate. Bei der größten Anstrengung, die Preußen in der neuerer Geschichte gemacht hat, bei den Freiheitskriegen, hat die Summe der eingestellten Mannschaften ebenso wie beim amerikanischen Bürgerkriege die Zahl von $5 1/2$% nicht überstiegen. Und auch hier handelt es sich um vergleichsweise ganz kurze Zeitläufe.

Aber die ungeheure und so lange Zeit ausgehaltene Anspannung, für die es, wie ich glaube, in der Geschichte überhaupt keine Parallele gibt, und die damit zusammenhängenden Opfer an nationalem Vermögen kommen in diesen Zahlen noch nicht einmal voll zur Erscheinung. Denn wir müssen bedenken, daß dieser Krieg ja großenteils im Lande selbst geführt wurde und starke Verwüstungen auch der

---

1) Generalstabswerk über den Deutsch=Franz. Krieg Bd. V 1407 und Anlage 184 S. 792*. Dazu Hirth, Annalen des Deutschen Reiches Bd. V 928 und 905.

speziell römischen Landschaften mit sich brachte. War er ja doch
ein antiker Krieg, der nicht nach den Grundsätzen unserer humanen
Zeit geführt wurde, sondern bei dem systematische Ausplünderungen,
Vernichtung der Feldfrüchte, Verbrennung der Dörfer und Ge-
höfte, Tötung oder Versklavung der Einwohner die Regel war.
Wir können darüber natürlich keine statistischen Daten geben, weil
darüber nie Aufzeichnungen gemacht sind, aber wir können den
in ein poetisches Bild gefaßten Eindruck wiedergeben, den Zeitgenossen und Nachlebende von den Verheerungen Italiens gehabt haben, die man als den Anfang vom Niedergange des italischen Bauernstandes überhaupt zu bezeichnen pflegte: Als Hannibal
— so erzählte man — nach Italien ziehen wollte, da träumte
ihm, daß er von Jupiter in die Versammlung der Götter ge-
rufen und ihm dort ein Führer auf den Weg gegeben würde.
Der habe ihm bedeutet, auf dem Wege durch das Land nicht zurück,
sondern immer nur vorwärts zu blicken. Aber Hannibal habe zuletzt seine Neugier nicht mehr bemeistern können und doch zurück-
geschaut. Da habe er hinter sich ein gewaltiges Untier, von Schlangen
umgeben, gesehen, das überall, wo es sich nachwälzte, die Bäume,
Saaten und Häuser vernichtete. Und auf seine Frage habe der Gott
geantwortet: das sei die Verwüstung Italiens; er solle nur vorwärts gehen und sich nicht um das kümmern, was hinter ihm liege.
Das in allen diesen Daten und Tatsachen zutage tretende un-
unerschütterte und unentwegte Festhalten der Römer an dem äußersten Widerstande erscheint nun aber doppelt charaktervoll, wenn wir
uns gegenwärtig halten, daß Hannibal ja gar nicht die politische
Vernichtung Roms beabsichtigte, sondern nur seine Präponderanz
brechen wollte, daß es also kein Kampf um die Existenz war, bei
dem natürlich jeder Kämpfende durch die bittere Notwendigkeit ge-
zwungen ist, den letzten Blutstropfen und den letzten Pfennig ein-
zusetzen, sondern daß es sich dabei ja lediglich um die Vorherrschaft
handelte und daß Hannibal den Gegnern nach Kannä einen vergleichsweise billigen Frieden geboten hatte. Es war also Roms freier
Entschluß, im Widerstande auszuharren und alles Schlimmste lieber
über sich ergehen zu lassen, als nachzugeben und auf die Herrschaft über
Italien zu verzichten. Es war eine Gesinnung, wie sie ähnlich vielleicht nur noch einmal wieder in solcher Stärke und Charakterfestigkeit in die Erscheinung getreten ist, beim Kampfe Friedrichs des Großen
um Schlesien, wo auch Existenz und Leben an diese Provinz und die
damit zusammenhängende Großmachtstellung Preußens gesetzt wurde.

Diese das ganze Volk durchdringende Gesinnung und dies zähe Festhalten der großen Idee des Römertums, das man ohne die Herrschaft über Italien nicht denken wollte und nicht denken konnte, und das man lieber untergehen, als klein werden lassen wollte, diese Gesinnung, kann man wohl sagen, ist es in erster Linie mit gewesen, die die innere Berechtigung der Römer zur Herrschaft auch über die ganze Mittelmeerwelt zu vergegenwärtigen geeignet ist.

III. Kapitel.

Der Gang des Kampfes.

1. Der Niederwerfungskrieg in Italien (Trebia, Trasimenus, Kannä).

Während die bisherigen Betrachtungen der allgemeinen Weltlage und der universellen Bedeutung des Hannibalischen Krieges, sowie der Erkenntnis der Kräfte, Organisationen und Kriegsentwürfe der beiden streitenden Staaten gewidmet waren, soll jetzt eine Darstellung der aus alledem resultierenden kriegerischen Ereignisse selber versucht werden.

Eine detaillierte Erzählung vom Gange des ganzen Krieges zu geben, ist allerdings nicht wohl möglich. Dafür würde der Raum, welcher hier zu Gebote steht, nicht ausreichen, und bei einer flüchtigen Darstellung aller Kriegsereignisse könnte andererseits wenig mehr geboten werden, als bereits Gemeingut der gebildeten Welt ist. Ich setze daher als bekannt voraus, daß Hannibal eine Welt von Waffen gegen Rom in Bewegung zu setzen gewußt hat, daß der Krieg nicht nur ganz Italien vom Po bis zur Straße von Messina durchtobt, sondern daß er Sizilien, Spanien, Afrika, Griechenland ergriffen hat, daß er in allen diesen Ländern anfangs fast überall mit mehr Glück von Karthago als von Rom geführt wurde, bis in Sizilien Marcellus, in Spanien Scipio einen definitiven Umschwung herbeiführten, bis in Griechenland der Friede mit Philipp von Makedonien den Römern freie Hand gab und bis endlich in Afrika bei Naraggara-Zama der letzte entscheidende Schlag fiel.

Indem ich also die Erzählung dieser Ereignisse beiseite lasse, beschränke ich mich darauf, das Hauptproblem dieses Krieges, welches von jeher in erster Linie das Interesse auf sich gezogen hat, vor Augen zu führen und seine Lösung zu versuchen.

Es ist ja allbekannt, wie Hannibal, nachdem er seinen bewundernswerten Marsch über die Alpen glücklich vollendet hatte, in Italien von Sieg zu Sieg eilte, wie er durch das Treffen am Ticinus

und die Schlacht an der Trebia Oberitalien in seine Gewalt
brachte, wie er den Apennin und die Sümpfe des Arno überwand
und als das erste große Wahrzeichen seiner glücklichen Ankunft
in Mittelitalien die Vernichtung einer konsularischen Armee am
trasimenischen See herbeiführte. Unbekümmert, als ob nichts vor=
gefallen wäre, zieht er von da seine Straße weiter, überschreitet
den Apennin ein zweites Mal, haust in den reichen römischen
Bauernhöfen von Picenum mit Mord und Brand, geht dann nach
Süditalien hinunter nach Apulien, ein drittes Mal über den Apennin
nach Samnium und Campanien, brandschatzt hier die reichen Äcker
der römischen Kolonisten und kehrt endlich, zum vierten Male in diesem
Jahre den Apennin überschreitend, nach Apulien zurück, wo er sein
Winterlager aufschlägt. Er ist völlig Herr des flachen Landes. Die
römische Heerführung wagt nicht mehr, sich ihm zur Schlacht zu
stellen, und hält sich ihm gegenüber zuletzt nur noch in vorsichtiger
Defensive.

Aber der alte Römergeist ist doch keineswegs erloschen. Im
folgenden Jahre rückt ihm ein Heer von über 80000 Mann, eine
vierfache konsularische Armee, entgegen. Ein letzter Versuch, durch
die Überlegenheit der Masse in offenem Felde den Dränger nieder=
zuwerfen, soll gemacht werden. Auch er mißlingt, und die blutige
Vernichtung dieser Übermacht bei Kannä zeigt den Karthager als
unüberwindbar in freier Feldschlacht.

Aber jetzt auf einmal stockt Hannibals Siegeslauf. Im Augen=
blick des höchsten Triumphes wo er, wie man meinen sollte, nur
zum letzten Schlage auszuholen brauchte, um Rom ganz nieder=
zuwerfen, tritt ein vollkommener Stillstand ein. Kein weiterer
großer Sieg Hannibals wird mehr gemeldet, obwohl er noch
12 Jahre in Italien geweilt hat, kein energisches Vorgehen auf
Rom selbst findet statt, um die stolze Feindin zum Frieden zu
zwingen, Hannibal sammelt und verzehrt die Früchte seiner Siege
und der Vorrat geht mehr und mehr auf die Neige. Kapua, die
zweite Stadt Italiens, das mit fast ganz Süditalien nach Kannä
zu Hannibal übergetreten war, wird fünf Jahre nach der Schlacht
von den Römern wiedererobert, Tarent nicht lange danach, Kam=
panien, Apulien. Lukanien, eine Landschaft nach der anderen geht
ihm wieder verloren, und am Schlusse eines 14jährigen Krieges,
der mit den glänzendsten, Schlag auf Schlag erfolgten Siegen
Hannibals eingeleitet war, sieht sich dieser Feldherr auf die kleine
Landschaft Bruttium im äußersten Winkel Süditaliens beschränkt

und in eine Defensive gedrängt, aus der es kein Hervorbrechen mehr gab.

Wie war dieser merkwürdige Umschwung möglich? Wie ist das scheinbar plötzliche Erlahmen Hannibals nach Kannä zu erklären? Wie wurde der schlachtenfrohe Niederwerfungsstrateg vom Anfange des Krieges zu dem langsamen Zauberer, der 12 Jahre ohne eine weitere Schlacht zu erzwingen, hingehen ließ? — Das ist das große und allgemein interessante Problem dieses Krieges. Der Versuch seiner Lösung soll den Inhalt der folgenden Erörterung bilden.

Daß die Lösung dieser Frage nicht auf psychologischem Gebiete zu suchen ist, daß nicht Hannibal plötzlich ein anderer geworden, und von seiner bisher so wohlbewährten Taktik willkürlich abgesprungen sein kann, das dürfte von vornherein klar sein. Es muß vielmehr in den ganzen Verhältnissen und Bedingungen der Kriegführung irgendwo eine fundamentale Veränderung vor sich gegangen sein, die es Hannibal unmöglich machte, seine bisherige Taktik, die Römer in großen Schlachten zu fassen und niederzuwerfen, weiterhin in Anwendung zu bringen. Welches diese Veränderung war, das werden wir nur erforschen können, wenn wir uns die Bedingungen völlig klarmachen, auf denen Hannibals bisherige Siege und seine Überlegenheit beruht hatten, und wir werden deshalb die bisherigen Schlachten gegen die Römer einer genauen Analyse zu unterziehen haben, aus den Tatsachen, die wir feststellen wollen, unsere Schlüsse ziehen und so die Lösung des Problemes anzubahnen versuchen.

Zum vollkommenen Verständnisse einer militärischen Aktion ist vor allem nötig, volle Klarheit über die örtlichen Verhältnisse zu haben, unter denen sie sich abgespielt hat. Denn nur sie geben eine lebendige Vorstellung von den Hergängen, die uns in den Quellen berichtet werden. So werde ich denn im engen Anschlusse an die Terrainverhältnisse versuchen, die drei großen Schlachten, an der Trebia, am Trasimenus und bei Kannä, um die es sich hier bei der Lösung des Problems zunächst handelt, vor Augen zu führen.

Auf dem Boden Italiens angelangt, hatte Hannibal die ersten römischen Kräfte, die sich ihm entgegensetzten, in einem Rekognoszierungstreffen, das sich die beiderseitigen Reitereien lieferten, am Ticinus[1]) geschlagen, und sein Gegner Scipio war deshalb über

---

1) Über die vielfachen Kontroversen, die sich an die Lokalisierung dieser und der folgenden Schlachten anknüpfen, verweise ich auf die eingehenderen Erörterungen im 3. Bande meiner „Antiken Schlachtfelder".

Ticinus und Po nach Placentia zurückgegangen. Am Stretto di Stradella, wo der Apennin nahe an den Po herantritt und Hannibal seine überlegene Reiterei nicht ausnutzen konnte, hatte er von neuem Aufstellung genommen. Aber der Abfall seiner keltischen Hilfstruppen bewog ihn, noch weiter, hinter die Trebia bei Riviano zurückzugehen und hier in fester Stellung die Ankunft der zweiten konsularischen Armee zu erwarten. Die Vereinigung gelang, und nun ging man römischerseits zum Angriffe vor. Man überschritt die Trebia wieder und bot die Schlacht in der fast ganz flachen, nur von einigen Bachrinnen durchzogenen Ebene von Agazzano an. (Hierzu vergleiche man die Karte Nr. 1: Schlacht an der Trebia.)

Hannibal zögerte nicht, sie anzunehmen. Ja, er hatte sie weit besser vorbereitet als die Römer. Während jene in ihrer Hast, ohne eine ordentliche Speise zu sich zu nehmen, den neckenden numidischen Reitern über den winterlich angeschwollenen Strom gefolgt waren und halb erstarrt auf dem Schlachtfelde ankamen, hatte Hannibal seine Truppen wohl gespeist und gewärmt in aller Ruhe aus dem Lager ausrücken lassen und durch einen Hinterhalt, den er in einem der tiefen und breiten Bachbetten, wahrscheinlich im Rio Gerosa, hatte legen lassen, zugleich Rücken und linke Flanke der Römer bedroht. Sein Plan gelang vollkommen.

Die Römer waren an Reiterei weit schwächer als Hannibal; sie hatten nur etwa 4000 Mann, gegen 10000 der Gegner. Während ihre beiden Reiterflügel geschlagen und damit die Flanken des Fußvolkes entblößt wurden, brach der Hinterhalt dem Zentrum in den Rücken. Auch die karthagische Reiterei schwenkte nach Überwältigung ihrer Gegner nach beiden Seiten ein und so waren die Römer völlig eingekreist. Trotz ihrer Übermacht an Fußtruppen — sie hatten 36000 gegen Hannibals etwa 28000 Mann — vermochten sie sich in dieser Lage nicht zu halten. Ein Trupp von 10000 Mann brach zwar vorwärts durch und gelangte glücklich nach Placentia. Das Gros aber wurde allmählich an den Fluß zurückgedrängt und hier zum großen Teil niedergemacht; nur ein verhältnismäßig kleiner Teil konnte über ihn hinüber das Lager erreichen.

Fragen wir uns: was ist das Charakteristische an dieser Schlacht und welchem Umstande hatte es Hannibal zu verdanken, daß er mit seiner Armee die stärkere römische einkreisen und zum größten Teil vernichten konnte, so ist in erster Linie zu nennen die Über

legenheit seiner Reiterei, die beide römische Flügel außer Kampf
setzte und dann zur Einschließung des Fußvolkes rechts und links
einschwenkte. Hannibals Reiterei bestand eben aus vorzüglichem nu=
midischem Material, welches schon von seinem Vater Hamilkar für
den großen Krieg eingeschult und vor allem gelehrt war, nicht für
sich allein zu wirken, sondern den erfochtenen Teilsieg durch Angriff
auf das Fußvolk des Gegners von Flanke und Rücken her zu ver=
vollkommnen.

Wir erkennen also hier — und das ist das zweite Charakteristi=
kum — ein Zusammenwirken der verschiedenen Waffengattungen,
wir haben es mit einer kombinierten Taktik zu tun. Hannibals
Heer ist ein großer, einheitlicher Organismus, bei dem jedes Rad
seinen Dienst im Dienste des Ganzen tut.

Als drittes Charakteristikum kommt dazu der Hinterhalt. Hanni=
bal hatte der großen numerischen Überlegenheit der Römer gegen=
über sein Fußvolk verhältnismäßig dünn aufstellen müssen und es
war Gefahr vorhanden, daß diese dünne Linie irgendwo durch=
stoßen wurde, ehe der Druck von den Flanken her fühlbar genug
werden konnte. Deshalb sucht der große Schlachtendenker den Druck
des römischen Zentrums dadurch abzuschwächen, daß er eine kleine
aber auserlesene Schar von Reitern und leichten Truppen unver=
mutet in ihrem Rücken erscheinen läßt, dadurch Unruhe und Un=
sicherheit hervorruft und die Vorwärtsbewegung der Massen hemmt,
bis die Reiterei von den Flügeln her eingreifen kann.

Wir erkennen also ein ganzes System von künstlichen Mitteln,
die zusammenwirken müssen, um das Resultat eines entscheidenden
Sieges herbeizuführen, um die numerische Überlegenheit der Römer
im allgemeinen zu paralysieren und um im besonderen, die Schwäche
des karthagischen Fußvolkes nicht verhängnisvoll werden zu lassen.
Damit dieses System zu dem erwünschten Ziele der Einkreisung
der Gegner führen könne, waren aber ganz besonders günstige
Terrainumstände nötig; hier an der Trebia speziell die Möglich=
keit, einen Hinterhalt zu legen, an dem die Gegner in der Tat vorbei=
marschierten, ohne ihn zu bemerken.

Sieht man sich das Terrain genauer auf der Karte an, so erkennt
man, daß hier ein Fehler der Römer vorliegt. Sie marschierten
kaum 3 ¼ Kilometer an dem Hinterhalte vorbei und versäumten,
nach der Seite hin aufzuklären. Vielleicht wäre ohne diesen Fehler
der Erfolg der Schlacht ein ganz anderer gewesen. Ein zweiter Fehler
lag in der schlechten Kampfesdisposition des einzelnen Mannes

durch mangelhafte Nahrung und Übergang über den angeschwollenen
Fluß. Trotzdem war über ein Viertel der Armee durch Hannibals
Linie hindurchgebrochen und hatte sich ein anderer, wenn auch noch
kleinerer Teil rückwärts ins Lager retten können. Die Römer
brauchten also nach dem Resultat dieser einen Schlacht und bei
ihrer Überzahl an Menschenmaterial noch keineswegs daran zu
verzweifeln, in offener Feldschlacht dem punischen Ansturm Trotz
zu bieten.

Aber es folgt das zweite Jahr des Krieges, die Schlacht am
Trasimenischen See. Hannibal täuscht die Römer, welche ihn in
der Poebene angreifen wollen, durch einen genialen Flankenmarsch
über die Apenninen und steht plötzlich in Etrurien, wo die Römer
nur das eine ihrer konsularischen Heere stehen haben. An dem zieht
er vorbei in der Richtung auf die Flaminische Straße und damit
auf Rom.

Der Konsul — Flaminius mit Namen — folgt ihm nach, um
sich, wenn Hannibal sich wirklich auf Rom wendet, mit seinem auf
der flaminischen Straße von Norden her anrückenden Kollegen zu
vereinigen, oder wenn er den Gegner schon vorher zum Stehen
bringen kann, ihn in die Mitte zwischen beide Heere zu bringen
und zu erdrücken, wie man 5 Jahre vorher die Gallier in diesen
Gegenden erdrückt hatte. — Doch Hannibal läßt es so weit nicht
kommen. Dort wo die Straße über einen Höhenrücken ansteigend
die Uferlandschaft des Trasimenischen Sees verläßt, schlägt er, dem
nachrückenden Gegner schon von weitem sichtbar, sein gewöhnliches
Marschlager auf. Aber anstatt am folgenden Tage weiter zu ziehen,
tritt er mit der ganzen Armee eine rückgängige Bewegung an
und rückt so in die Stellungen ein, welche unsere Karte Nr. 2 an-
schaulich zeigt. Die leichten Truppen, 8000 Mann an der Zahl,
werden hinter den Hügeln von Montecolognola und dessen Aus-
läufern nach dem See zu verdeckt aufgestellt. Die spanischen und
iberischen Truppen, 12000 Mann, bleiben beim Lager stehen
unter dem Scheine, als wären sie die Nachhut, zurückgelassen, um
den Abstieg der Armee in die Talgefilde nach Perugia hin zu
decken; die Gallier, etwa 20000 Mann an Zahl, gehen im weiten Bogen auf den Hügelzügen von Villa Miralago und Castel
Ruffiano bis in die Gegend von Passignano zurück; das Gros
der Reiterei nimmt in dem gedeckten Tale von Montigeto seine
Aufstellung. — So erwartet er den Gegner, der richtig in die
Falle geht. (Hierzu Karte Nr. 2: Schlacht am Trasimenus.)

In der Meinung, es komme nur darauf an, mit dem Feinde, der im Vormarsche auf Rom sei, in Fühlung zu kommen, und ihn zum Stehen zu bringen, bricht der Konsul aus seinem Lager bei Tuoro auf, durchschreitet, wieder ohne nach der Flanke hin aufzuklären, das Defilee bei Passignano und kommt mit der Vorhut bis an den Fuß des Hügels, auf dem Hannibals gestriges Lager, sowie seine vermeintliche Nachhut noch zu sehen sind. Die römische Vorhut marschiert auf, um die Gegner vom Hügel herunterzujagen. Das ist der Moment, den Hannibal abgewartet hat. Er gibt die verabredeten Zeichen, und von allen Seiten stürzen seine Krieger auf die zum größten Teile noch in Marschformation befindlichen Römer. Was noch nicht im Defilee drin ist, wird von der jetzt plötzlich hinter der Queu erscheinenden Reiterei teils in den See, teils nach vorne ins Defilee selbst hineingetrieben.

„Ein Schlachten war's, nicht eine Schlacht zu nennen". Dies Dichterwort paßt auf den vom ersten Moment an hoffnungslosen Verzweiflungskampf der Römer. Die ganze Armee wurde hier vernichtet oder gefangen, mit Ausnahme von 6 000 Mann an der Spitze, denen es selbst unter diesen verzweifelten Umständen gelang, Hannibals Linie zu durchbrechen.

So weit der Hergang der Schlacht selber. Nun zu seiner Beurteilung und der Frage, wo hier die Charakteristika liegen und wie sie sich zu der Schlacht an der Trebia verhalten. Es ist scheinbar ein ganz anderes Bild, das sich uns entrollt. Dort eine rangierte Feldschlacht, hier ein Überfall auf eine Marschkolonne, dort offenes freies Feld, hier Defileen, gebirgiges, waldiges Terrain, dort Hauptwirkung durch die Reiterei, hier durch das Fußvolk, dort eine Schlachtfront von mäßiger Länge, hier ein Erstreckung von mehr als zwölf Kilometern. Und doch kommt im Grunde das Strategem Hannibals auf dasselbe Ziel hinaus: die Einkreisung der feindlichen Armee, die hier nur mit anderen Mitteln erreicht wird, nämlich erstens durch Aufstellung fast der ganzen Armee in Hinterhalt, eine Großartigkeit in der Anwendung des Hinterhaltgedankens, die sich vielleicht kein zweites Mal in der Kriegsgeschichte so wiederfindet. Und zweitens durch meisterhafte Auswahl und Ausnutzung des Terrains, eines Terrains, welches Hannibals vorzüglichste Waffe, die Reiterei, allerdings nahezu lahmlegte, aber dadurch Vorteile gewährte, die diesen Nachteil noch überwogen. Man sieht, Hannibal war kein Schematiker, sondern er konnte mit

den mannigfachsten Mitteln und unter den verschiedenartigsten Bedingungen sein Ziel der Einkreisung des Feindes erreichen.

Noch ein drittes Charakteristikum dieser Schlacht muß endlich
hervorgehoben werden: das ist die unverhältnismäßig große Aus-
dehnung des Schlachtfeldes, herbeigeführt dadurch, daß die Römer
in Marschkolonne überfallen werden sollten und ein Heer in
Marschkolonne eben viel länger ist als in Schlachtordnung. Infolgedessen konnte Hannibals Armee auch in der Aufstellung keine
geschlossene Linie bilden, sondern mußte in einzelne Abteilungen
aufgelöst werden, die selbständig zu handeln und untereinander
Fühlung zu halten hatten. Das setzt aber bei dem unübersichtlichen
Terrain eine außerordentliche Selbständigkeit der Anführer voraus.
Daß alles so klappte, wie Hannibal es berechnet hatte, beweist, in
anderer Weise als an der Trebia, daß sein Heer ein Organismus
war, und zeigt uns hier speziell, daß er einen Berufsoffizierstand
besaß, der sich den größten Aufgaben gewachsen zeigte.

Aber auch hier müssen wir wieder ausdrücklich darauf auf-
merksam machen, daß die ganze geniale Herbeiführung dieser
Schlachtbedingungen nur möglich geworden ist durch einen Fehler
des römischen Konsuls. Eine Aufklärung nach der linken Flanke
hin hätte die Reitermassen Hannibals bei Montigeto und die In-
fanterieabteilungen im Defilee entdecken müssen und damit Hannibals ganzen Plan vereitelt.

Daß die Römer, nachdem sie einmal in so abnorm ungünstige
Schlachtbedingungen versetzt waren, unterliegen mußten, war
selbstverständlich, und doch waren auch hier wieder noch mehrere
Tausende geschlossen durchgebrochen. Auch jetzt hatte man in Rom
noch keinerlei Anlaß, auf eine offene Feldschlacht zu verzichten.
Denn Hannibal hatte sich auch hier nicht im offenen, ehrlichen
Kampfe, Mann gegen Mann, stärker gezeigt, sondern nur obgesiegt
durch Schliche und Listen, wie man es vom römischen Standpunkt aus bezeichnen mochte.

Machen wir unser Heer doppelt so stark wie bisher — so argu-
mentierte man in Rom — suchen wir ein Gelände, wo Hinterhalte und Überfälle unmöglich sind und rennen wir den Gegner
mit der Kraft unserer Legionen nieder.

Dementsprechend wurden für das Jahr 216 v. Chr. acht Le-
gionen statt vier mit den Konsuln ins Feld gestellt und ihnen vom
Senat der Befehl erteilt, auf jeden Fall mit Hannibal zu schlagen.
Die sentimentalen Berichte über den klugen Konsul Ämilius Paulus,

der nicht habe schlagen wollen, vergebens gewarnt habe, aber durch den Leichtsinn des anderen und die Stimmung im Kriegsrate wider Willen mitgerissen sei, sind Niederschläge aus Betrachtungen, die nach der großen Niederlage gemacht sind und von dem Standpunkt des vollendeten Ereignisses aus nur natürlich erscheinen. Wer aber an die Spitze einer Armee von 80000 Mann gestellt war, einer Armee, wie Rom sie noch nie aufgebracht hatte, der sollte schlagen. Sonst war eine Armee in solcher Stärke aufzustellen überhaupt überflüssig.

Hannibal hatte sich mit Beginn des Frühlings nach Apulien gezogen und das große Proviantmagazin der Römer bei Kannä weggenommen. Hierhin folgte ihm die römische Armee in völlig ebenes und waldloses Gebiet, wo Überfälle und Hinterhalte unmöglich waren, wo aber andererseits Hannibals Reiterei freiestes Manöverfeld hatte. Die Römer kamen von Norden her anmarschiert und schlugen ihr erstes großes Lager unterhalb Kannä am nördlichen Ufer des Aufidus auf (siehe Karte 3). Hannibal ging am Tage darauf mit seiner Hauptmacht ihnen entgegen auch auf das nördliche Ufer über und ließ zum Schutze des Magazins Kannä nur eine Besatzung auf dem Südufer zurück. Aber auch die Römer schoben an demselben Tage einen Teil ihrer Kräfte, etwa ⅓ der Gesamtmacht, über den Fluß, natürlich auf das Südufer hinüber und schlugen hier ein zweites, kleineres Lager auf. So standen beide Teile rittlings des Flusses, mit dem Gros auf dem Nordufer. Man konnte nördlich oder südlich schlagen. Der Boden ist auf beiden Seiten praktisch gleich eben. Hannibal bot, wie das zunächst lag, die Schlacht auf dem Nordufer an. Aber die Römer nahmen sie an diesem Tage nicht an, marschierten jedoch dafür am folgenden auf dem Südufer auf.

In der durchaus richtigen Erwägung, daß die Kraft der Römer in ihrem Zentrum lag und daß die Schlacht von diesem Standpunkte aus als Durchbruchsschlacht angelegt werden müsse, machte man die Aufstellung bedeutend tiefer als gewöhnlich und benützte die Überlegenheit der Masse in keiner Weise zur Überflügelung. Manövrieren, wie der Gegner, konnte man ja doch nicht. Überblick und Einheitlichkeit der Bewegung, Direktion solcher ungewohnt großen Massen waren nur zu ermöglichen, wenn man sie möglichst eng zusammenhielt und wie der Stier in grader Vorwärtsbewegung den Gegner mit unwiderstehlicher Kraft niederrannte.

Ganz das entgegengesetzte Prinzip verfolgte Hannibal. In der Front konnte er gegen diesen Gegner nie etwas ausrichten. Er mußte von den Flanken her wirken, und zwar so schnell, daß das römische Zentrum nicht Zeit fand, sein eigenes viel schwächeres Zentrum zu durchbrechen. Zeit gewinnen im Zentrum, hier den Kampf hinziehen, mit aller Wucht auf die Flügel wirken, sie schlagen, einschwenken, Flanken und Rücken der Römer bedrohen, sie unsicher machen, den Impuls der großen Masse nach vorne hemmen, sie zum Stehen bringen, die letzten Glieder zwingen, kehrtzumachen, die äußersten Flügel zwingen, rechts= und linksum zu machen, dadurch jede Vorwärtsbewegung der Masse unmöglich zu machen und dem Ganzen die Stoßkraft zu nehmen: das mußte das Ziel seines Schlachtplanes sein. — Gelang das, war die dichte Menge der Römer eingekreist, so war sie verloren. Kam man aber damit nur einen Augenblick zu spät, war vorher das karthagische Zentrum niedergerannt, so war Hannibal verloren. Dann hingen seine Flügel in der Luft, das Netz war zerrissen und kein Zusammenziehen konnte mehr helfen. Der Erfolg konnte vom richtigen Gebrauch weniger Minuten abhängen.

Hannibal hatte bei der immensen Gefahr, die seinem Zentrum drohte, ganz besondere Maßregeln zur Hinziehung des Gefechtes getroffen. Er hatte den mittelsten Teil seiner Infanteriestellung echelonförmig vorgeschoben, so daß er, wenn nötig, ein beträchtliches Stück zurückgedrängt werden konnte, ohne daß er hinter die eigentliche Schlachtlinie zu stehen kam, ja daß bei diesem Zurückweichen sich zunächst sogar noch die Dichtigkeit desselben vergrößern mußte. Er hatte dann persönlich im Zentrum, natürlich umgeben von einer Reservetruppe, Stellung genommen. Das Gefühl, unter den Augen des Oberfeldherrn zu kämpfen, sollte seine moralische Wirkung tun. Er hatte endlich den Befehl gegeben, den Feind stehenden Fußes zu erwarten, damit dadurch der Beginn des Kampfes der Fußtruppen verzögert und später als das Reitertreffen eröffnet würde.

Die Vorschiebung des Zentrums seiner Infanterie sollte zugleich die Folge haben und hatte sie auch, daß der Kampf mit dem Gegner hier zuerst entbrannte, daß sich infolgedessen der anrückende Gegner schon beim Anmarsch nach der Mitte zu zusammendrängte und so auch während des entbrennenden Kampfes seine Front noch mehr verkürzte. Sobald er dann bis auf die Höhe von Hannibals eigentlicher Schlachtlinie vorgedrungen war, konnten die debordierenden Flügel der karthagischen Schwerbewaffneten, die

von Hannibals Kerntruppen, den Afrikanern, gebildet wurden, ein=
schwenken und die Römer in den Flanken packen; unterstützt durch
die leichten Truppen, die hier gewiß auch wie bei der Trebia wieder
auf die Flügel dirigiert worden waren.

Die Einkreisung selber sollte dann natürlich wieder von der
karthagischen Kavallerie vollendet werden, von deren schnellem
Siege über die römische Reiterei der Erfolg des Tages wesentlich
mitabhing.

Wir wissen, welches der Ausgang des Kampfes gewesen ist.
Hannibals Zentrum hat lange genug standgehalten, bis die Reiterei
und die Afrikaner auf die Flanken und den Rücken wirken konn=
ten, und damit war das Schicksal auch dieses Tages entschieden.
Dreiviertel des römischen Heeres deckte das Schlachtfeld, nur ein
nicht unbeträchtlicher Teil war trotz aller Vorsichtsmaßregeln auch
hier wieder vorne durchgebrochen.

Es geht aus dieser Schilderung ohne weiteres hervor, daß hier
von Hannibals Seite wieder dieselbe Schlachtanlage vorliegt, wie
früher, welche die Einkreisung des Gegners zum Ziele hat, und daß
die Schlacht bei Kannä mit der von der Trebia als rangierte
Schlacht in offenem und ebenem Terrain noch eine ganz besonders
nahe Verwandtschaft zeigt, nur daß bei Kannä das ganze System der
Mittel noch feiner herausgearbeitet ist, alle Dimensionen viel größer
sind und der Erfolg daher ein noch weit niederschmetternderer ge=
wesen ist. Von einem Fehler der Römer, im Sinne der Schlachten
von der Trebia und vom Trasimenus, kann hier auch nicht die Rede
sein. Eine Hinterhaltlegung kommt hier gar nicht in Betracht; es
ist im Gegenteil durch die einfache Überlegenheit in der Manövrier=
fähigkeit der Truppe auf vollkommen übersichtlichem Terrain der
vollkommenste Sieg erfochten worden, und erfochten über eine Armee,
das muß noch einmal betont werden, von einer Größe, wie man sie
bis dahin überhaupt noch nicht aufgestellt gehabt hatte. Um so ent=
mutigender mußte das Resultat für Rom sein. Diesem Gegner war,
so schien es, in offener Feldschlacht überhaupt nicht beizukommen.

Allerdings darf auch hier wiederum nicht vergessen werden, daß
die Entscheidung des Schicksals an dem Verlauf weniger Minuten
gehangen hatte, daß bei einer nochmaligen Kraftprobe, bei etwas
größerer Schulung und Beweglichkeit der großen Massen sehr wohl
der Fall eintreten konnte, daß das feindliche Zentrum durchstoßen
wurde, ehe die Flügel des Gegners wirken konnten. Aber wer
wollte den römischen Staatslenkern zumuten, nach solchen Er=

fahrungen es auf noch eine weitere Kraftprobe ankommen zu laſſen,
die bei ungünſtigem Verlauf der Staat nicht mehr hätte überſtehen
können? — Deshalb gewinnt jetzt in Rom ein ganz anderes
Kriegsprinzip die Oberhand, das dem Reſte des Krieges den Stempel
aufgedrückt und Hannibal trotz ſeiner Siege ſchließlich nieder=
gerungen hat.

Welches dieſes Kriegsführungsprinzip geweſen iſt und wie es
ſeine Erfolge erreicht hat, das wird alſo nunmehr unſere Aufmerk=
ſamkeit in Anſpruch nehmen müſſen.

2. Der Ermüdungskrieg in Italien.

Die einzige Möglichkeit, welche Rom jetzt noch übrigblieb, um
den Kampf gegen Hannibal fortzuführen, hieß daher vollſtändiger
Verzicht auf die offene Feldſchlacht, in der man es bisher
verſucht hatte, ihn niederzurennen. Das war für den aggreſſiven
Römergeiſt gewiß ſchon an und für ſich ein ſchwerer Entſchluß, er
wurde aber dadurch noch ſchwerer, weil er gleichbedeutend war
mit dem Verzicht auf eine ſchnelle Beendigung des Krieges über=
haupt und mit der endloſen Hinausziehung des Kampfes im eigenen
Lande, das natürlich damit die Laſten des Krieges in doppelter Weiſe
zu tragen hatte.

Aber eine noch weit bedenklichere Frage war es, ob denn ſelbſt
dieſe Kriegführung Ausſicht auf Erfolg bot? Konnte nicht der
Gegner, wenn Rom auf den Kampf im freien Felde verzichtete,
Stadt nach Stadt und Landſchaft nach Landſchaft erobern, ohne
daß man es zu hindern imſtande war, und ſo die römiſche Herr=
ſchaft ſtückweiſe in langſamer aber unwiderſtehlicher Arbeit zer=
brechen und niederreißen?

Sollte dies Schickſal vermieden werden, ſo mußte offenbar ein
Mittelweg für die römiſche Kriegführung gefunden werden: Man
durfte zwar einerſeits keine Entſcheidungsſchlacht im offenen Felde
mehr wagen, aber man durfte ſich doch andererſeits nicht in die
Feſtungen einſchließen laſſen, ſondern mußte das Operieren im freien
Felde mit ſchlachtkräftigen Armeen aufrechterhalten. Man mußte dem
Gegner, geſtützt auf das Terrain, in günſtigen Defenſivpoſitionen
überall entgegenzutreten ſuchen und dadurch ein weiteres Vordringen,
die Belagerung und Einnahme der feſten Punkte hindern und die
Landſchaften ſelber ſo gut wie möglich zu decken ſuchen.

Man mußte ferner verſuchen, ihm im kleinen Abbruch zu tun,
ihn durch Operationen und Märſche zu ermüden und zu ſchwächen

und auf diese Weise die Kräfte dieser einen wunderbaren, aber doch
schließlich nicht unsterblichen Armee durch die Überzahl und die
Länge der Zeit zu erschöpfen und zugrunde zu richten. Aber war
denn — so wird man fragen — dieses System wirklich durchführ=
bar? Kann man denn einem Gegner, der auf die große Entschei=
dung ausgeht und die Schlacht im Niederwerfungskriege erzwingen
will, kann man ihm überhaupt den Ermüdungskrieg aufzwingen,
mit dem Galanteriedegen — um mit Clausewitz zu sprechen —
demjenigen erfolgreich entgegentreten, der einem mit dem blanken
Schwerte die Arme vom Leibe haut?

In der antiken Taktik kann man es. Eine Hügelstellung mit
guter Flankenanlehnung und einem festen Lager im Rücken ist
selbst für einen sehr überlegenen Gegner ein kaum zu überwin=
dendes Hindernis und ganz besonders mußte das bei den geschil=
derten Verhältnissen der Hannibalischen Taktik der Fall sein.
Seine Überlegenheit bestand ja hauptsächlich in seiner Reiterei,
sein Schlachtmanöver, dem er alle seine Erfolge verdankte, in der
Einkreisung des Gegners. War ihm die Möglichkeit genommen,
mit diesen Faktoren zu wirken, so war er überhaupt nicht mehr
taktisch überlegen. Dann konnte er seinerseits die gebotene Schlacht
gar nicht mehr mit der Chance des Erfolges annehmen.

Und dazu kam ein Zweites: Hannibal, der trotz seiner Siege
an Truppen immer noch beträchtlich schwächer war als die Rö=
mer, durfte seine Armee nur dann einsetzen, wenn die Möglichkeit
eines vollen Erfolges, d. h. der Vernichtung des gegnerischen Heeres
gegeben war. Ein rein taktischer Sieg, bei dem die Verluste gleich
oder fast gleich waren, und nach dessen Entscheidung der Gegner
sich, ohne zertrümmert zu sein, in sein Lager zurückziehen konnte,
brachte ihm mehr Schaden als dem Gegner, weil ihm das Men=
schenmaterial spärlicher zufloß als jenem.

So ergibt sich also aus den eigentümlichen taktischen Verhält=
nissen der damaligen Zeit, daß in der Tat Hannibal nicht in der
Lage war, eine Feldschlacht, die der Gegner weigerte oder nur unter
gewissen Bedingungen bot, zu erzwingen oder auch nur anzunehmen.
Allerdings stand es ihm dann frei, den Gegner in seiner Po=
sition stehen zu lassen und an ihm vorbeigehend, sich zur Belage=
rung der Städte und zur Verwüstung des Landes zu wenden und
so seinerseits zu versuchen, sie zum Verlassen ihrer Positionen und
zum Angebot der offenen Schlacht unter günstigeren Bedingungen
zu nötigen. Am wirkungsvollsten für diesen Zweck wäre natürlich

die Bedrohung von Rom selber gewesen. Aber hier erhoben sich
Schwierigkeiten anderer Art.

Es hat im Altertum keine große Armee gegeben, die gerade in
Belagerungen weniger leistungsfähig gewesen wäre, als
Hannibals afrikanisches Reiterheer. Alexander und Cäsar haben
die größten Belagerungen von Städten unternommen. Hannibal
nicht. Wenn überhaupt, so hat er sich stets nur an kleine Festungen
gewagt und mit Mühe Städte zweiten und dritten Grades, wie
Sagunt, Casilinum, Petelia nach langen Anstrengungen erobert.
An größere Festungen, wie Neapel, Kumä, Tarent hat er entweder
sich überhaupt nicht herangetraut oder sie nur durch Überlistung
und Handstreich genommen. Die Belagerung Roms gar ging, so=
lange noch feindliche Armeen im Felde standen, weit über seine
Kräfte.

So blieb ihm schließlich nichts übrig, als die Verwüstung des
flachen Landes zu betreiben und durch dies und die anderen Mit=
tel, welche der Ermüdungskrieg an die Hand gibt, auch seinerseits
die gegnerischen Kräfte allmählich zu erschöpfen und ihnen die
Subsistenzmittel zu entziehen.

Die Verwüstung des Landes hat er denn auch reblich geübt,
wenngleich auch hier gewisse Grenzen gesetzt waren. Denn er konnte
erstens aus Rücksicht auf den ihm stets auf dem Fuße nachfolgen=
den Gegner seine Kräfte nicht zu sehr zersplittern, da er besonders
in Abwesenheit seiner Reiterei für eine Feldschlacht selber nicht
mehr stark genug blieb, und zweitens störte ihn das mit einer Un=
masse von lauter befestigten kleinen Städten besäte Land doch auch
einigermaßen, wenn nicht gerade in seinen großen Bewegungen,
so doch in einem weit ausholenden Fouragierungs= und Plünde=
rungssystem. — Dazu kam, daß sich gerade nach Kannä die Chancen
für einen solchen Krieg zu Hannibals Ungunsten verschoben hatten.
Nach dieser Schlacht waren ja, wie erwähnt, ganze Landschaften,
man kann mit einem Worte sagen, fast ganz Südtalien zu den
Karthagern übergetreten.

Das war natürlich auf der einen Seite für die Rekrutierung
und Verpflegung von Hannibals Armee von unschätzbarem Werte.
Denn diese Basis war es ja gerade, um derentwillen Hannibal
den Zug nach Italien gemacht hatte, und ohne sie hätte sich seine
Armee überhaupt nicht so lange Jahre in Italien halten können.
Sie wäre ohne die Möglichkeit einer kontinuierlichen Rekrutierung
und Verproviantierung und ohne die Möglichkeit geordneter Winter=

raft und Verpflegung noch viel schneller zusammengeschwunden, als
es so schon geschah.

Aber auf der anderen Seite war für seine Bewegungsfreiheit
diese Bafis ein gewaltiges Hindernis. Denn jetzt mußte er seiner=
seits die ihm anhängenden Landschaften gegen die Römer schützen.
Hatte er im Anfange Italien von Norden nach Süden kreuz und
quer durchzogen, ohne sich um Heere, die etwa in seinem Rücken
operierten, zu kümmern, und immer nur darauf Bedacht genom=
men, wo die fruchtbarsten Landschaften ihm selber reichlichsten
Bedarf böten, und ihre Verwüstung dem Gegner den größten
Schaden brachte, so war das jetzt nicht mehr möglich, sondern er
mußte jetzt auch seinerseits darauf bedacht sein, sein Territorium
vor Angriffen der Römer zu wahren, einerseits, um sich selbst
seine Bafis intakt zu erhalten, andererseits, um den noch schwanken=
den Bevölkerungen Italiens zu zeigen, daß es sich im Schatten
seiner Ölbäume ruhig und sicher wohnen lasse. Und diese Angreif=
barkeit Hannibals ist nun der Punkt, wo die Überlegenheit der
Römer sich so recht im Laufe der Jahre mit immer wachsendem
Erfolge geltend gemacht hat.

Rom konnte immer noch weit mehr Menschen unter die Waffen
stellen, als Hannibals Armee betrug. Rom konnte also mit einer
Armee Hannibal entgegentreten, ihn in fester Pofition hinhalten
oder ihm auf Schritt und Tritt folgen, gestützt auf die Städte im
eigenen Lande, und es konnte daneben zu gleicher Zeit mit einer
zweiten, vielleicht sogar mit einer dritten Armee in den Land=
schaften operieren, die Hannibal anhingen, sie mit Feuer und
Schwert heimsuchen und für ihren Abfall strafen, oder wenn sie
willig waren, sie wiederzugewinnen trachten. So konnte es Hanni=
bals Bafis in seinem Rücken auf das empfindlichste bedrohen und
schwächen, ein Verfahren, welches dadurch noch besonders erleich=
tert wurde, daß selbst die Gebiete, welche zu Hannibal übergetre=
ten waren, überall von latinischen Kolonieen durchsetzt waren, die
den Operationen seiner Gegner feste Stützpunkte boten, oder von
römerfreundlichen Parteien in einzelnen Städten beeinflußt waren,
die bei guter Gelegenheit ihr Vaterland wieder den Römern in
die Hand zu spielen beabsichtigten. Hannibal mußte dann entwe=
der detachieren und seine Hauptarmee schwächen, oder er mußte
selber zurück und war dann ganz in die Defensive geworfen.

Dieses Operieren mit zwei oder drei Feldarmeen in getrennten
Landschaften unter stetem Verweigern der Schlacht gegen Hannibal

selber und unter stetem energischen Vorgehen, wo er nicht selber
zugegen war, das ist nun in der Tat die Strategie, welche die
Römer den ganzen Rest des Krieges in Italien Hannibal gegen=
über angewendet haben.

Es ist das erste Mal in der Weltgeschichte, daß ein so großer,
auf Ermattung des Feindes gerichteter operativer Gedanke mit
solcher Konsequenz und in solchem Umfange durchgeführt worden
ist, und insofern ist der zweite Punische Krieg auch in der Kriegs=
geschichte als solcher ein, man kann sagen, epochemachendes Ereignis.
In ihm haben wir die Erklärung für das Bild, welches uns in
allen Jahren des langen Krieges immer und immer wiederkehrt.
Hannibal überall hineilend, einmal der einen, einmal der anderen
römischen Armee entgegentretend, bald hier bald dort bedrohte
Punkte rettend oder schützend und in diesen fortwährenden An=
strengungen und Märschen sich und seine Armee allmählich zu=
grunde richtend, ohne jemals zu einem großen Schlage, zu einem
neuen vernichtenden Kannä gelangen zu können.

Wie seine Kräfte in dieser ewig wiederholten Sisyphusarbeit
allmählich schwinden, da zeigt sich nun aber auch wieder mehr und
mehr die Unzuverlässigkeit seiner italischen Bundesgenossen. Das
Vertrauen zu Rom kehrt allmählich wieder, und jeder, der kann,
sucht rasch seinen Frieden mit der alten Herrscherin zu machen.
Jetzt hebt in den einzelnen Städten die aristokratische Partei, die
mit ihren Sympathien stets auf Roms Seite gestanden hatte, wie=
der stolzer ihr Haupt empor, jetzt werden die heimlichen Fäden
gesponnen, die Stadt, die ganze Landschaft wieder auf Roms Seite
zu bringen, jetzt muß Hannibal seine Wachsamkeit überall ver=
doppeln gegen Verrat, seine Besatzungen verstärken gegen Abfall,
damit seine Feldarmee mehr und mehr schwächen, den Römern
mehr und mehr die Initiative überlassen und trotz aller Bemühun=
gen und aller Zähigkeit, aller Diplomatie und aller Schonung der
städtischen und partikularen Interessen seine Kräfte mehr und mehr
schwinden und zurückgehen sehen.

Zwei Krisen sind es, die in diesem tragischen Ringen Hannibals
von jeher als Wendepunkte das besondere Interesse in Anspruch
genommen haben. Die erste ist die Wiedereroberung Kapuas, der
ersten Stadt Italiens nach Rom durch die Römer im Jahre 211.
Denn hier zeigte es sich zum ersten Male in überraschender und
handgreiflicher Weise, daß Hannibal mit seiner einen Operations=
armee den geteilt operierenden Armeen der Römer nicht gewachsen

war. Während er im Süden weilte, mit der Gewinnung von Tarent beschäftigt und den dortigen Kräften der Römer gegenübertretend, hatten die römischen Armeen im Norden genügend Zeit und freie Hand gehabt, Kapua so fest mit Wall und Graben einzuschließen, daß an eine Durchbrechung dieser Zernierungslinie nicht mehr zu denken war. Selbst Hannibals Versuch, durch seinen berühmten Zug auf Rom die Aufhebung der Belagerung zu erzwingen, ist bekanntlich gescheitert, und Kapua fiel der Rache Roms anheim. Damit war auch das übrige Kampanien verloren. Die Schale begann sich zu Roms Gunsten zu neigen. Der Versuch Hannibals, mit seiner einen Operationsarmee Rom niederzuzwingen, konnte schon jetzt als gescheitert gelten.

Und noch eine zweite Beobachtung knüpft sich an dieses Ereignis. Die Römer konnten, was Hannibal nicht vermochte: Städte regelrecht belagern und aushungern. Sie hatten die Menschenmassen und infolgedessen die Zeit dazu, solche Unternehmungen, gestützt auf das Hinterland und ihre außen operierenden Armeen in aller Ruhe durchzuführen. Kapua ist nicht die einzige, sondern nur die bedeutendste Stadt gewesen, die ihnen auf diese Weise wieder zugefallen ist.

Ein definitiver Sieg war unter diesen Umständen für Hannibal nur noch zu erhoffen, wenn es den Karthagern gelang, eine zweite selbständige Operationsarmee unter gleichwertiger Führung nach Italien zu werfen. Dann konnte Hannibal den Römern mit ihrer eigenen Strategie, der Operation mit mehreren Armeen entgegentreten und so die definitive Entscheidung erzwingen. Dieser Fall kam der Verwirklichung nahe durch Hasdrubals Zug nach Italien im Jahre 207; und darin liegt die ungemeine Bedeutung dieser Expedition. Sie fand bekanntlich ein schnelles Ende durch die Niederlage und den Tod Hasdrubals am Metaurus. Damit war die Situation der Vorjahre wiederhergestellt und das Resultat der Eroberung von Kapua bestätigt.

Hannibal hat denn auch sofort die Konsequenzen gezogen, auf die nutzlose und seine Kräfte mehr und mehr verzehrende Behauptung von alledem, was er noch in den nördlichen Teilen von Süditalien besaß, verzichtet und sich auf die südlichste Landschaft von Unteritalien eingeschränkt. In der ganzen langen Kampfesperiode seit dem Abfalle der Italiker nach Kannä hat Hannibal so stückweise in den einzelnen Jahren des Krieges erst Kampanien, dann Samnium, Apulien und endlich Lukanien und die großgriechische Küste räumen müssen, um zuletzt alle seine Kräfte in Bruttium zu konzentrieren, wo er, gedeckt durch das unwegsame Silagebirge, und an den Küstenpässen verschanzt bis an die Zähne mit seinen geschwächten Kräften den letzten Angriff der Römer vergeblich er= wartet hat.

So ist Hannibal in der Tat in einem mehr als zehnjährigen Ringen von Rom ohne Schlacht niedermanövriert worden. Das ist in großen Zügen der Charakter des Hannibalischen Krieges in der Periode nach Kannä vom Jahre 216 bis zum Jahre 204 durch zwölf Jahre hindurch. Der Gang der einzelnen Feldzüge jedes Jahres, auf die ich hier näher einzugehen unterlassen muß, bestätigt lediglich den Verlauf des Ganzen. Natürlich ist es in diesen vielen Feldzügen wiederholt zu Kämpfen auch ernsterer Art, zu partiellen Siegen und Niederlagen gekommen, aber nie mehr zu einer Haupt= schlacht mit entscheidendem Ausgange und im besonderen zu keiner Niederlage Hannibals selber.

Wenn daher die römische Annalistik, die für uns besonders durch Livius vertreten ist, in dieser ganzen Periode von zahlrei= chen Siegen römischer Heere über Hannibal erzählt und daraus sein allmähliches Zurückweichen erklären will, so hat sie nicht nur mit Aufzählung dieser Triumphe und der vielen angeblich erbeute= ten Trophäen handgreiflich die Unwahrheit gesagt, sondern sie hat auch das römische Volk damit tatsächlich um den größten Ruhmes= titel gebracht, der ihm in Wirklichkeit gebührt. Denn diese Stra= tegie der Ermüdung als den einzigen noch gangbaren Weg einem Hannibal gegenüber richtig erkannt zu haben und, was mehr ist, ihn mit größter Konsequenz, mit beispielloser Entsagung, mit un= ermüdlicher Beharrlichkeit bis zu Ende gegangen zu sein, ohne sich jemals von diesem mühseligsten aller Kriegsprinzipe abbringen zu lassen, ohne sich je verführen zu lassen, lieber ein Ende mit Schrecken, als einen Schrecken ohne Ende herbeizuführen, das verrät mehr Charakter und steht in seiner trockenen Verständigkeit höher als das mutigste Draufgehen in einem Augenblicke der Begeisterung und des Enthusiasmus. Es ist wohl als die größte Tat zu betrachten, die das römische Volk, als Ganzes betrachtet, im Laufe seiner langen Geschichte vollbracht hat.

Soll eine einzelne Gestalt aus dieser großen Zeit genannt wer= den, die diesen Gedanken gewissermaßen verkörpert und der un= entwegte Vertreter dieser Kriegspolitik gewesen ist, so kann man nur Q. Fabius Maximus Cunctator als solchen bezeichnen. Seine schon vor Kannä befolgte und nach Kannä zum Siege gelangte Stra=

tegie, die ihm den Namen des „Zauberers" eingetragen hat, ist in
Wahrheit keine Zauberstrategie gewesen, sondern ebendas, was wir
mit modernem Namen als Ermattungsstrategie zu bezeichnen ge=
wohnt sind. Die im Anfange unserer Kriegsbetrachtungen aufge=
worfene Frage, wie es möglich gewesen sei, daß Hannibal im
Augenblicke seines größten Triumphes nach Kannä plötzlich wie
gelähmt gewesen sei und trotz des Abfalles von halb Italien gar
keine Erfolge mehr habe erzielen können, dieses Problem ist nun=
mehr gelöst, und die Antwort lautet: weil Rom zu einem völlig
neuen Kriegführungsprinzip überging: von der Niederwerfungs=
strategie zur Ermattungsstrategie, von der Schlacht zum Manöver,
und weil es bei der Durchführung dieses Prinzipes die größere
Menschenmasse in die Wagschale werfen konnte, der gegenüber selbst
die Größe des Genies als zu leicht erfunden wurde.

Welcher Unterschied zwischen der auf einen Zeitpunkt und einen
Ort konzentrierten Kraftanhäufung von Kannä und dem ganzen
folgenden, jahrelang hingezogenen und in zahlreiche kleine Ak=
tionen und Schauplätze zersplitterten Kriege! Und doch kann
man die Bemerkung nicht unterdrücken, daß Rom trotz aller dieser
Unterschiede im Grunde in beiden Kriegsphasen durch dasselbe
Mittel wirken wollte und gewirkt hat: nämlich durch die Über=
legenheit der Masse. Denn das Prinzip, durch große Masse
zu wirken, das, wie es scheint, bei Kannä gerichtet war, taucht,
nur in andere Form gekleidet, von neuem in den folgenden Jahren
wieder auf: die 16 Legionen in Italien, verteilt in kleine Armeen,
verteilt in verschiedene Landschaften, welche Hannibal zugrunde
gerichtet haben, sie haben in letzter Instanz doch wiederum als
Masse den Ausschlag gegeben, nur daß man sie nicht mehr zu=
sammenballte, sondern in einer technisch bedeutend verfeinerten
und darum um so wirksameren Art angewendet hat zur allmäh=
lichen Erschöpfung des Gegners in ebenso langdauernden, wie groß
angelegten und durchgeführten Operationen.

Dem aufmerksamen Beobachter wird dabei nicht entgehen, daß
dieses Resultat weit über die Grenzen der Punischen Kriege hinaus
von allgemeinem kriegshistorischen und kriegstheoretischen Interesse
ist. Denn wenn die Entscheidung in einem von beiden Seiten mit
energischer Offensive und Niederwerfungsabsicht begonnenen Kriege
schließlich gar nicht in der Schlacht, sondern im Manöver gelegen hat,
und es den Römern gelingen konnte, ihre Ermattungsstrategie der
Niederwerfungsstrategie Hannibals erfolgreich entgegenzusetzen, so

ist damit der Beweis geliefert, daß die Niederwerfungsstrategie
als solche nicht unter allen Umständen das stärkste Kriegsprinzip
ist, sondern daß selbst eine Niederwerfungsstrategie größten Stiles
durch konsequente und geschickte Anwendung der Ermattungsstrategie zu Boden gerungen werden kann. Für unsere Zeit, die in den
Traditionen Napoleonischer und Moltkescher Niederwerfungsstrategie
groß geworden und durch die Bewunderung der großartigen Kon-
zeptionen dieser Geisteshelden fast zu dem Dogma von der allein
wirksamen Gewalt der Niederwerfungsstrategie gekommen ist, ist
das gewiß eine sehr beachtenswerte und vielleicht auch praktisch
nicht bedeutungslose Wahrheit.

8. Der Ausgang des Kampfes.

Aber die letzte Entscheidung in dem großen Ringen ist bekanntlich nicht in Italien selber gefallen. Man hat den besiegten Gegner
hier nicht zum Äußersten getrieben, sondern ihn ruhig die Segel
lichten lassen nach seinem Vaterlande Afrika.

Das hängt zusammen mit der entscheidenden Wendung, die der
Krieg auf den Nebenschauplätzen, besonders in Spanien und Sizilien genommen hatte. War das letztere Land schon seit der Eroberung von Syrakus durch Marcellus im Jahre 212 und die darauf
folgende Einnahme der ganzen Provinz für die Römer wiedergewonnen worden und damit die Möglichkeit einer Landung in Afrika
selbst näher gerückt, so hatte in Spanien der junge Scipio, der später von seinen Erfolgen in Afrika den ehrenden Beinamen Africanus erhielt, durch glänzende Waffentaten hier allmählich das ganze
Land für Rom erobert. Gleich sein erstes Erscheinen im Jahre 210
war durch einen glücklichen Handstreich auf Carthago nova, die
stolze Hauptstadt der Barkiden, ausgezeichnet, die mit all ihrem
Kriegsmaterial und den vielleicht noch wertvolleren Geiseln der
spanischen Völker in seine Hände fiel. Dies und seine wahrhaft
ritterlich königliche Persönlichkeit, die dem einfach ritterlichen Spanier ebenso sympathisch wie imponierend gegenübertrat, brachte
einen vollen Umschwung in dem bisher mit wechselndem Erfolge
geführten Kriege hervor. Glückliche Siege in mehreren Feldschlachten
vollendeten die Fortschritte, und nach Verlauf eines fünfjährigen
Kampfes konnte Scipio Spanien als erobertes Land verlassen,
nachdem er schon von dort aus seine Verbindungen mit den Nu-
miderkönigen angeknüpft hatte, die ihm in Afrika die Wege ebnen

sollten, wie es die Spanier in Spanien getan hatten. Aber das
wichtigste Resultat, welches diese Kämpfe gezeitigt hatten, war nicht
die Eroberung des Landes gewesen, sondern die hohe Schule, die
hier Scipios Truppen unter seiner Leitung und Ausbildung gegen
karthagische Heere und karthagische Feldherren im großen Kriege
durchgemacht hatten. Hier hatte der Römer gelernt, nicht nur dem
Feinde in der offenen Feldschlacht wieder ins Auge zu sehen, sondern
mit denselben taktischen Manövern, die Hannibal zum Siege ge=
führt hatten, ihm auch seinerseits entgegenzutreten. Scipio ist der
große Exerziermeister der Römer in dem höheren Sinne gewesen,
daß er sie lehrte, taktische Evolutionen auch während der Schlacht
zu machen und dem Punier auf seine Bewegungen mit gleicher
Kunst zu antworten.

So hoch wir die Charakterfestigkeit der Römer in der Durch=
führung ihres Ermüdungskampfes auch einschätzen müssen, das Ge=
fühl werden sie selber am wenigsten losgeworden sein, daß es im
Sinne von Römerstolz und Römermut doch ein feiges Kriegssystem
war, das sie dabei befolgen mußten. Wie Schakale hatten sie alle
die Jahre hindurch von allen Seiten den afrikanischen Löwen um=
stellt, und waren, wo er hervorstürzte, scheu dem Schlage seiner
gewaltigen Tatzen ausgewichen.

Hatte Fabius mit seinem System der Ermattung den Hannibal
strategisch überwunden, so wollte jetzt Scipio die Aufgabe taktisch
zu Ende führen, und was in Spanien durch jahrelange Schulung
vorbereitet war, in Afrika zur Durchführung bringen, indem er
zeigte, daß die Zeiten vorüber waren, in der römische Armeen sich
auf offenem Felde vom Gegner einkreisen ließen, weil sie taktisch
zu ungeschickt waren, die nötigen Gegenbewegungen auszuführen.

Scipios Zerlegung der römischen Schlachtaufstellung in drei der
Tiefe nach selbständige Treffen und seine glänzenden, erst dadurch
möglich gewordene Flankenevolutionen sind es gewesen, die dem
großen Gegner den Sieg aus den Händen wanden. In der Schlacht
von Narraggara — früher Zama genannt — etwa 200 Kilometer
südwestlich von Karthago trafen im Inneren des Landes auf weiter
Ebene am Melegfluß die beiden großen Gegner zum letzten Entschei=
dungskampfe zusammen. Beide an der Spitze altbewährter Truppen,
beide verstärkt durch die flüchtige Reiterei der Söhne des Landes der
Numider oder Berber, deren Bundesgenossenschaft ihnen hier so
tief im Inneren zugute kam (s. die Karte Nr. 4). Und hier war
es nun, wo Scipio dem bis dahin nie besiegten Hannibal mit seiner

eigenen Kunst entgegentrat. Denn die Entwicklung des zweiten und
dritten römischen Treffens zum Anschluß rechts und links an das erste
während der Schlacht selber und die so herbeigeführte Verlängerung
der Schlachtlinie hinderte hier die Einkreisung und Erdrückung der
römischen Armee durch die Hannibalischen Evolutionen und die aus=
gebildete Disziplin der Römer paralysierte selbst die Mittel, die
der große Meister dem entgegengesetzt hatte. Ein einfacher Frontal=
kampf mit verlängerten Fronten von beiden Seiten war die Folge
dieser Bewegungen, der lange mit zäher Energie geführt wurde,
bis auch hier endlich die Reiterei die Entscheidung gebracht hat.
Aber diesmal nicht zugunsten des Puniers. Denn hier hatte Scipio
durch sein Bündnis mit dem Numiberkönig Massinissa es verstan=
den, sich eine überlegene Kavallerie zu verschaffen, und wenn es
auch Hannibal im Anfange der Schlacht gelungen war, dieselbe
durch verstellte Flucht seiner Reiterei vom Kampfplatze fortzulocken,
so hatte doch dies Mittel bei dem langdauernden Ringen der Fuß=
truppen nicht lange genug wirken können. Die endlich siegreich zu=
rückkehrende Reiterei der Römer entschied den Sieg auch zugunsten
ihrer Infanterie.

So hatte Rom auch den letzten Gipfel der Vollendung in der
Ausbildung der Kriegskunst erklommen. Seine Heere konnten als
die tüchtigsten im ganzen Umkreise der antiken Welt gelten. Des
westlichen Beckens des Mittelmeeres war Rom somit Herr. Nie=
mand konnte ihm mehr in Flanke und Rücken fallen, wenn es
jetzt die begehrlichen Blicke nach den Ländern der höheren, der
einzigen damaligen Vollkultur, nach Hellas und den hellenistischen
Staaten richtete. Und so erfolgte mit der Unausweichlichkeit jenes
historischen Gesetzes, das stets die niederen Kulturstaaten nach den
höheren hingezogen hat, die Ausbreitung Roms nach dem Osten,
so erfolgte sie mit jener Leichtigkeit, die die früher geschilderten
Verhältnisse des Ostens ermöglichten, in kurzen und mit dem Hanni=
balischen verglichen unblutigen, fast spielend erreichten Erfolgen.
Zwei kurze Kriege genügten, um Makedonien zur Provinz zu
machen, ein einziger, um Syrien niederzuwerfen und zu Ägyptens
Überführung in die römische Klientel war nicht einmal ein wirk=
licher Krieg nötig.

In Roms großem Kampf um die Weltherrschaft ist das eigent=
liche Ringen zu Ende, ist der Erfolg gewonnen, als das römische
Volk den zweiten Punischen Krieg siegreich beendet und Hannibal
zu Boden geworfen hat.

Was an kriegerischen Ereignissen noch folgen mußte und ge=
folgt ist, um die römische Vorherrschaft auch äußerlich in die Er=
scheinung treten zu lassen, das erscheint dem tieferen historischen
Blick doch nur als die unausbleibliche Folge der Ereignisse, die
die eigentliche Entscheidung gegeben haben. Es mag in dieser Be=
leuchtung noch auf kurze Zeit unsere Aufmerksamkeit in Anspruch
nehmen.

IV. Kapitel.

Die Eroberung des Ostens.

In dem halben Jahrhundert nach dem Hannibalischen Kriege hat Rom die Früchte seiner unsäglichen Anstrengungen in diesem Kampfe geerntet. Im Augenblicke des Tiefstandes seiner Macht nach der Schlacht von Kannä besaß es als zusammenhängendes Machtgebiet kaum noch das ganze Mittelitalien, Nord= und Süd= italien mit Sizilien waren zum größten Teile verloren. Im Jahre 146 dagegen hatte es nicht nur ganz Italien bis an die Alpen= grenze wiedergewonnen, sondern im westlichen Mittelmeerbecken waren Spanien und das ehemals karthagische Afrika, das jetzige Tunis, römische Provinzen, im östlichen Mittelmeerbecken war Makedonien Provinz und Westkleinasien, das Reich Pergamon, im Begriffe es zu werden, Karthago und Korinth, die Haupt= handelsrivalen Roms, lagen in Asche. Und noch viel weiter als die unmittelbare Herrschaft Roms dehnte sich seine mittelbare aus. Massilia, das heutige Marseille, mit seiner Umgebung in Süd= frankreich, die numidischen und maurischen Königreiche, das heu= tige Algier und ein Teil von Marokko im Westen, ferner Griechen= land, die Klientelstaaten in Kleinasien, das ehemals so mächtige Syrien und Ägypten waren in so großer politischer Abhängigkeit von Rom, daß man sie nicht mehr als in ihren Bewegungen freie Staaten betrachten kann. Der Osten und der Westen des Mittel= meerbeckens lag Rom zu Füßen.

Die Gründe, weshalb diese abnorm schnelle Machtentfaltung erfolgen konnte, haben wir in der früheren Darstellung in dem Kräfteverhältnis der beiderseitigen staatlichen Organisationen, haupt= sächlich in der Schwäche der auf einem Herrenstande aufgebauten hellenistischen Staaten gegenüber dem doch im wesentlichen auf nationaler Grundlage erwachsenen italischen Staate kennen gelernt.

So erübrigt jetzt nur noch zu berichten, wie alles im einzelnen so gekommen ist, und in welchen Phasen und Entwicklungsstufen sich die römische Eroberung vollzogen hat.

Der erste der drei aus Alexanders Monarchie hervorgegangenen Großstaaten, der mit Rom in Konflikt geriet, war Makedonien. Dieser Konflikt ist — man kann sagen — als eine direkte Fortsetzung des Hannibalischen Krieges zu betrachten, an den er sich fast unmittelbar anschloß. Denn Philipp V., der damalige König dieses Landes, hatte während des Hannibalischen Krieges mit den Karthagern ein Bündnis geschlossen, war aber nicht dazu gekommen, seinen Freunden in Italien Hilfe zu leisten, weil die Römer es verstanden hatten, ihm im eigenen Lande starke Gegner zu erwecken. Der ätolische Bund, der König Machanidas von Sparta, der König Attalos von Pergamon standen dabei auf Roms Seite, während der achäische Bund und Bithynien zu Philipps Freunden gehörten.

So hatte sich hier schon während des großen Ringens in Italien ein zweiter Kriegsschauplatz gebildet, auf dem sich in verkleinertem Abbilde jenes Ringen wiederholte. — Zwar war man hier schon im Jahre 206, also vor der Entscheidung im Westen, zum Frieden gekommen. Aber als Karthago am Boden lag, war im Osten der alte Streit in etwas veränderter Form zufällig gerade wieder aufgewacht. Aus Anlaß nämlich von Thronwirren in Ägypten hatten die beiden anderen Großstaaten, Syrien unter Antiochos dem Großen und Makedonien unter dem genannten Philipp, ein Bündnis zur Beraubung Ägyptens geschlossen. „So wie die großen Fische die kleinen fressen", sagten sie mit ebenso zynischer Offenheit und Unklugheit, wie wir das auch heutzutage noch erleben, wenn man anderen Staaten blühende Länder entreißen will. Und gemäß dieses Teilungsgeschäftes hatte sich Antiochos auf die auswärtigen Besitzungen Ägyptens in Syrien, Philipp auf die in Kleinasien und dem Ägäischen Meere geworfen (202 v. Chr.), wo Ägypten damals eine große Anzahl einzelner Städte und Inseln besaß und ein allgemein wohlgelittenes Protektorat ausübte.

Aber gegen diesen Gewaltstreich Philipps erhoben sich bei der Schwäche Ägyptens die kleinen Mittelstaaten: Pergamon, Rhodos, Athen und bald darauf auch Ätolien. Es waren, wie man sieht, größtenteils gerade die alten Freunde Roms vom Hannibalischen Kriege her, und so rief man auch die Hilfe der Römer, der alten Freunde, wieder an. Es lag hier einer jener früher charakterisierten Fälle vor, bei dem das künstliche Gleichgewicht des hellenistischen Staatensystems ins Wanken geraten war, und der schwächere Teil den Fremden selber ins Land hereinlockte.

Wer hörte lieber darauf als Rom? Zwar das Volk wollte nicht; es war von den Lasten des Hannibalischen Krieges noch zu erschöpft. Aber der Adel, der Senat, sah weiter. Rache für die Einmischung des Kleinen in den Kampf der Großen war nur das eine Motiv, der früher nach seiner Natur und Berechtigung gewertete Wunsch, nach der Kulturwelt des Ostens überzugreifen, das zweite, viel mächtigere. Wußte man doch, daß hier mit leichter Hand die Lorbeeren zu pflücken waren, ohne die der ehrgeizige Adel schon nicht mehr glaubte leben zu können; und handelte es sich doch zunächst nur darum, jenen Platz zu besetzen, der durch Ägyptens Zusammenbruch leer geworden war, um so einen Anteil zu gewinnen an dem Protektorat über das alte Kulturland Hellas, das immer noch mit einem gewissen Rechte als das Herz der Welt gelten konnte. Das politische Vakuum zog eben hier, wie überall, nicht weniger als das physische mit unwiderstehlicher Kraft zur Ausfüllung an.

Die verwundbare Stelle Makedoniens entdeckt zu haben, war das Verdienst des dritten Feldherrn, den Rom gegen Philipp absandte, des Titus Flamininus. Von Süden her mußte man den Gegner fassen, den im Westen unwirtliche Gebirgsgegenden schützten. Im Süden hatte man die griechischen Bundesgenossen mit Hilfstruppen und besonders mit Proviant und Schiffen zur Hand, im Süden lagen alle die auswärtigen unzuverlässigeren Besitzungen Makedoniens.

So ist denn auch der Stoß von Süden her gleich beim ersten Versuche sowohl diplomatisch als militärisch entscheidend gewesen. Ganz Griechenland fiel durch gütlichen Vertrag den Römern zu, ehe noch die endgültige Niederlage auf den Hügeln von Kynoskephalä im Jahre 197 v. Chr. die makedonische Monarchie aus der Reihe der Großstaaten strich.

Die Abtretung aller auswärtigen Besitzungen im Friedensschlusse, also besonders der Festungen, die es in Griechenland hatte, und der reichen Landschaft Thessalien, warf Makedonien auf den Machtzustand zurück, den es schon in den ersten Jahren des großen Philipp erreicht gehabt hatte, ehe die Eroberung von Thessalien und die Unterwerfung Griechenlands bei Chäronea Tatsachen geworden waren. Das Protektorat nicht nur Ägyptens sondern auch Makedoniens über Griechenland war in Trümmer gesunken, und an Stelle beider Großstaaten setzte sich Rom mit breiter Bequemlichkeit.

Aber ebendieses Protektorat ist es nun gewesen, welches Rom in weitere Konflikte im Orient verwickelt hat. Natürlich waren nicht alle Teile von der neuen Ordnung der Dinge befriedigt, die Rom einzuführen für gut fand; besonders nicht der kräftigste Staatenbund des damaligen Griechenland, die Ätoler, welche bei der Beuteverteilung nichts erhalten hatten. Und sie waren es nun, welche die zweite Großmacht der hellenistischen Staatenwelt, Syrien, unter seinen glänzenden Herrscher Antiochos zum Eingreifen veranlaßten.

Antiochos der Große hatte ein bewegtes Leben hinter sich, als er sich zum letzten und schwersten Waffengange seines Lebens, zum Kampfe mit Rom, entschloß. In den ersten Jahren seiner Regierung, seit 223, hatte er ein zerrüttetes Reich zu konsolidieren gehabt. Ägyptens Macht dehnte sich damals bis vor die Tore seiner Hauptstadt Antiochia aus, im Osten hatten aufständische Satrapen die Hälfte seines Reiches, Iran und die Euphratländer, zum Aufstande gebracht, und gleichzeitig hatte im Westen Kleinasien die Fahne der Empörung aufgesteckt. Antiochos gebot damals nur noch über Nordsyrien, aber zugleich über ein tapferes Heer und ein mutiges Herz. Es gelang ihm in 20jährigen Kämpfen, die Empörer in Ost und West niederzuwerfen, Ägypten zuletzt ganz aus Syrien zu verdrängen und sogar im fernen Osten bis nach Indien hin die Oberherrschaft des syrischen Reiches wieder zur Anerkennung zu bringen. Kein Wunder, daß man ihn zu den größten unter den Herrschern der Erde rechnete: er hatte das Reich seines Ahnen Seleukos I. fast überall wiederhergestellt, nur noch nicht im Westen, wo besonders die kleinasiatische Westküste mit den großen freien Griechenstädten, die dort lagen, und mit dem Reiche Pergamon einerseits und die Landschaft Thrakien andererseits das Ziel seiner Wünsche bildeten.

Aber diese Gebiete fielen eben in das neue Protektorat Roms hinein und so war der Knoten der Verwicklung auch von dieser Seite her geschürzt. Hannibal war es, der diese Verhältnisse zu einem großen Rachebunde gegen Rom benutzen wollte. Er befand sich damals als Verbannter am Hofe des Großkönigs. Indessen solche Gedanken lagen Antiochos durchaus fern. Er hatte sich bei seinen Kriegen in Ost und West immer in den Grenzen des Erreichbaren und des für seinen syrischen Staat Zweckmäßigen gehalten, sich vielfach mit einer nur nominellen Oberherrschaft begnügt und selbst nahen Gegnern wie Ägypten nur äußere Besitzungen entrissen, die ihm gelegen waren, ohne an die Wurzel ihrer Existenz zu greifen. Ein Kampf mit Rom um Sein und Nichtsein lag ganz

außerhalb der Grenzen solcher Politik. Aber auf die seiner Ansicht
nach wohlbegründeten Erbansprüche in Kleinasien und Thrakien
glaubte er nicht verzichten zu sollen.

Auch Rom fühlte sich für den Augenblick im Besitze des Errunge-
nen befriedigt und dürstete nicht nach sofortigem, neuem Kampfe, aber
aufgeben wollte es von seinem mit Blut und Geld erworbenen Reiche
auch nichts, und so ist es nach vierjährigen Verhandlungen hin und
her endlich doch im Jahre 192 zum Kriege gekommen.

Der Vorstoß des Antiochos in die römischen Interessensphäre
nach Griechenland selber hinein, mit ungenügenden Kräften unternommen, endete mit seiner Niederlage an den Thermopylen
(191 v. Chr.); und nun gingen die Römer unter dem Beistande
der kleinen griechischen Staaten, des Philipp von Makedonien,
der trotz seiner Niederlage jetzt zu ihnen hielt, und der klein-
asiatischen Staaten Pergamon und Rhodos zum Gegenstoße über.
Der erste Feldherr Roms, Scipio Africanus, führte mit seinem
Bruder zusammen das Heer über den Hellespont nach Asien hinüber, und die große Schlacht bei Magnesia am Berge Sipylos
an der Westküste Kleinasiens, nicht ferne von Sardes, entschied
trotz großer Übermacht des Antiochos den Krieg im Jahre 190
v. Chr. zugunsten der Römer.

Wohl nirgends tritt es so wie hier augenfällig in die Erscheinung,
auf wie schwachen Füßen diese hellenistischen Großkönigreiche standen: Diese eine Schlacht hat das ganze Kartenhaus von Antiochos'
mit Rom rivalisierender Großmachtspolitik niedergestreckt. Denn der
König hatte eben nur dies eine Heer kampfgeübter makedonischer Soldaten. Seine weiten Besitzungen lieferten ihm nur mehr oder weniger unzuverlässige Hilfstruppen und versagten, wenn das Glück ihm
den Rücken kehrte, da sie nur von Sklavenvölkern bewohnt waren
und keinen Teil am Regiment besaßen. Nun ist es allerdings ein
Irrtum, zu glauben, Antiochos' Königreich sei durch diese Schlacht
völlig vernichtet worden. Antiochos verlor durch sie nur Kleinasien und damit seinen Einfluß auf Griechenland. Also doch nur
eine Provinz seines Riesenreiches. Aber mit dem Nimbus der Un-
überwindlichkeit war es vorbei. Aufstände und finanzielle Schwierigkeiten haben den König zu harten Maßregeln verleitet, und bei
einem Aufstande im fernen Osten ist er schon im Jahre 187 er-
schlagen worden.

Indessen sein Reich war unter seinen tüchtigen Nachfolgern
immer noch eine Macht, mit der Rom wesentlich zu rechnen hatte.

Trotzdem ist es doch nicht mehr zu einem zweiten Kriege gekom=
men. Denn ein Zwist zwischen der jüngeren und älteren Linie
des von Antiochos abstammenden Fürstenhauses hat generationen=
lang im syrischen Reiche gewütet und die Kräfte des Staates all=
mählich so geschwächt und heruntergebracht, daß ein Eingreifen der
Römer gar nicht mehr nötig wurde. Das damals neuerstandene
Partherreich im Osten hat dazu den Seleukiden ihre Besitzungen
in Iran und Babylonien entrissen, und das Aufkommen territo=
rialer Gewalten im Kerne der Monarchie selber, besonders des
Judenstaates unter den Makkabäern und später Armeniens hat —
wenn es erlaubt ist, diese Entwicklung, die eigentlich außerhalb un=
serer Aufgabe liegt, gleich bis zu Ende zu verfolgen — schließlich
im 1. Jahrhundert vor Christus die völlige Auflösung der Monarchie
herbeigeführt.

So hatte also der Friede Roms mit Antiochos, der anfangs
nichts weiter als die Zurückschiebung des syrischen Einflusses von
der Interessensphäre Roms und die definitive Feststellung des rö=
mischen Protektorats über Griechenland und Kleinasien bedeutete,
schließlich eine völlige Desorganisation der einheitlichen Staats=
gewalt in den östlichsten Mittelmeerländern zur Folge, die die rö=
mische Suprematie hier um so mehr sicherstellte, als auch die dritte
Großmacht, Ägypten, sich von ihrem Sturze nicht wieder erholt
hat, sondern durch ähnliche Familienzwiste, wie sie im Hause der
Seleukiden auftraten, gleichfalls durch Generationen hindurch nieder=
gehalten und zerrüttet wurde.

Es schien wie eine Prädestination zu sein, daß der Gang der
Entwicklung den Römern ohne ihr Zutun die Herrschaft in den
Schoß warf, die ihnen ja auch bei besserer Verwaltung und Re=
gierung der hellenistischen Großstaaten doch auf die Dauer kaum
hätte entgehen können.

Aber ein Staat war doch noch vorhanden, der trotz seiner Nieder=
lage im ersten Waffengange mit Rom doch noch ein starkes Gegen=
gewicht gegen die römische Allmacht bildete: Makedonien.

Dieser Staat war durch den Frieden des Flamininus zwar
seiner auswärtigen Besitzungen verlustig gegangen, aber im Kerne
seiner Macht dadurch viel weniger angegriffen worden als Syrien
durch seine Niederlage bei Magnesia.

Denn Makedonien war ja gerade der einzige Staat unter den
hellenistischen Monarchien gewesen, der auf einer, wenn auch nicht
sehr zahlreichen, so doch tüchtigen und im Kerne noch gesunden

Nationalität ruhte, wo kein fremder Herrenstand über untertänige
Völker regierte. Dazu kam, daß in Makedonien ein innerer drohen=
der Familienzwist, der den Staat natürlich ebenso hätte zerrütten
müssen, wie das in Syrien und Ägypten der Fall war, durch das
energische Eingreifen des Königs Philipp noch im Entstehen unter=
drückt wurde, indem er seinen Sohn Demetrios hinrichten und
dem älteren, Perseus, die Erbfolge zuschreiben ließ. Einheitlich und
stark durch konsequente und sehr umfassende Rüstungen, die er nach
dem Kriege des Antiochos mit Rom gemacht hatte, mit voller Kasse
und einem so bedeutenden Heere, daß es an Zahl dasjenige über=
traf, mit dem einst Alexander der Große zur Eroberung Asiens
aufgebrochen war, — so hinterließ König Philipp bei seinem Tode
seinem Sohne Perseus den reorganisierten makedonischen Staat. Es
war eine Militärmacht, die sich nicht wie die anderen Staaten un=
bedingt unter Roms Vorherrschaft zu beugen brauchte und es auch
nicht tat. —

Hier war eine zweite, definitive Abrechnung im Sinne der
römischen Politik nötig, da diese seit ihren Erfolgen immer ent=
schiedener nicht nur auf Einfluß, sondern auf direkte Herrschaft
und Ausbeutung der hellenistischen Kultur= und Staatenwelt in
egoistisch=römischem Interesse auszugehen anfing, wie das ja in
den ganzen Verhältnissen lag und im Eingange unserer Darlegungen
ausführlich begründet worden ist.

Seit dem Frieden mit König Philipp und König Antiochos
hatten die Römer die Verhältnisse in ihrem Protektorate durchaus
in ihrem Interesse geordnet. In eigene Verwaltung hatten sie in
Griechenland und Kleinasien nichts genommen, sondern überall
ihre Besatzungen zurückgezogen, den Städten, Bünden und König=
reichen, die sie hier bestehen ließen oder schufen, die eigene Ver=
waltung und Steuerfreiheit belassen und sich selber nur die tat=
sächliche Führung der großen Politik und die Entscheidung über
eventuelle Streitigkeiten der Staaten dieser Gebiete vorbehalten.

Das ist die sogenannte Freiheit, welche Flamininus bei den
Isthmischen Spielen des Jahres 196 unter dem größten Jubel
der Menge hatte verkündigen lassen. Eine volle Freiheit ist es, wie
man sieht, nicht gewesen und konnte es nach Lage der Dinge nicht
sein. Denn alle diese Städte und Länder waren eben neben dem
Großen, der sich ihrer annahm und ihnen die Freiheit schenkte, nicht
innerlich selbständig. Wirkliche Freiheit kann man ja nicht schenken;
sie beruht auf der inneren Kraft, sich der Eingriffe anderer zu er=

wehren, und die hatte Griechenland schon lange nicht mehr. Aber
Rom gab, was es den Verhältnissen nach geben konnte.

Innerhalb dieses vielgestaltigen bunten Gewirres von größeren
und kleineren Staatsorganismen unterscheidet man nun vier grö=
ßere Gebilde, die dem Blick besonders auf sich ziehen. Zwei in
Griechenland selber, zwei in Kleinasien. Jene sind der ätolische und
der achäische Bund, diese das Königreich Pergamon und der Frei=
staat Rhodos. Der ätolische Bund, welcher, wie erwähnt, die
Hauptschuld an Antiochos' Erscheinen in Griechenland mittrug, er=
hielt dafür seine Strafe durch Loslösung eines Teiles seiner aus=
wärtigen Besetzungen und eine bedeutende Kriegsentschädigung, die
er zahlen mußte. Er hat nie wieder selbständige Politik getrieben.

Die Achäer, welche sich korrekt benommen hatten, wurden reich=
lich belohnt. Der ganze Peloponnes ist in dieser Periode zu ihrem
Bunde geschlagen und somit hier ein einheitlicherer politischer Kom=
plex geschaffen worden, als er jemals zur Zeit der Blüte Griechen=
lands bestanden hatte. Ebenso freigebig hat Rom seine Freunde in
Kleinasien belohnt. Die Besitzungen, die Antiochos hier gehabt hatte,
wurden zwischen Rhodos und dem Könige Eumenes von Perga=
mon geteilt. Die ganze Gegenküste ihrer Insel, die Landschaften
Lykien und Karien, ein Gebiet fast doppelt so groß wie Elsaß=
Lothringen, erhielten die Rhodier. Es bildete ihre terra ferma
und macht das Bild dieser stolzen Handelsrepublik ihrer jüngeren
Schwester Venedig noch ähnlicher, als es sonst auch schon erscheint.

Noch weit reichlicher aber wurde König Eumenes bedacht. Fast
die ganzen Landschaften des nordwestlichen Kleinasien bis zum
Tattasee hin, ein Gebiet, welches so groß wie Süddeutschland ist,
wurde ihm zugesprochen und ist ihm und seiner Familie bis zu
deren Aussterben geblieben.

Das waren also die Stützen, auf welche Rom seinen Einfluß in
Griechenland aufgebaut hatte. Man kann sagen, es hatte reich=
lich, aber nicht übermäßig gezahlt. Denn es darf nicht vergessen
werden, daß es auch den Römern ohne die Bundesgenossenschaft
dieser Staaten nicht möglich gewesen wäre, sein Protektorat im
Osten in dieser Weise zu begründen. Der Sturz Philipps von
Makedonien war nur geglückt, weil man den Stoß von Süden her
führen konnte unter Beihilfe der Bundesgenossen, die mehr noch
als durch Truppen und Schiffe, durch Schaffung einer Verpfle=
gungsbasis für das römische Heer in Griechenland unschätzbare
Dienste geleistet hatten. Wie es ohne eine solche aussah, hatten

die ersten Feldzüge gegen Makedonien gezeigt. Und in demselben Sinne, nur noch gesteigert durch die Schwierigkeiten der viel größeren Entfernung, waren in dem Feldzuge gegen Antiochos die Unterstützungen aus dem Lande selbst für Rom von Wert gewesen. Ohne die vorhergegangene Vernichtung der Seemacht des Antiochos durch die vereinigten Pergamener, Rhodier und Römer und — wie man hinzusetzen muß — ohne die Unterstützung Philipps von Makedonien auf dem Landwege wäre eine Expedition nach dem Hellespont und Asien hinüber überhaupt ausgeschlossen gewesen, ja die Schlacht bei Magnesia selbst ist geradezu durch den entschlossenen Reiterangriff des Eumenes gewonnen worden.

So waren also Verdienst und Lohn in richtigem Verhältnis. Es hätte im Interesse der Schwächeren gelegen, diesen Zustand so lange wie möglich aufrechtzuhalten und das Übergewicht Roms, welches im Laufe der Jahre natürlich mehr und mehr hervortrat, nicht noch dadurch zu steigern, daß man einen Konflikt zwischen ihm und Makedonien provozierte, in der törichten Hoffnung, dabei noch mehr für sich zu gewinnen, während doch in Wirklichkeit das Vorhandensein eines solchen Gegengewichtes, wie Makedonien es war, allein den Mittelstaaten noch die Möglichkeit einer einigermaßen freien Bewegung garantierte.

Indessen eine solche Zurückhaltung beliebte man nicht. Rom mußte wahrnehmen, wie in Griechenland in dem zweiten und dritten Jahrzehnt seiner Hegemonie die Sympathien für das zurückgedrängte Makedonien bedenklich wuchsen, und Eumenes hetzte direkt zum Kriege. So ist es im Jahre 172 zum letzten Konflikt zwischen Rom und Makedonien gekommen. — Das Resultat konnte nicht zweifelhaft sein. Rom wollte eine Vernichtung Makedoniens und hatte die Macht, sie durchzusetzen. Man wollte mit dem Zustande der halben Herrschaft brechen, man wollte jetzt ganze Rechnung machen. So ist denn, nachdem die Römer drei Jahre lang vergeblich versucht hatten, ins Innere des durch die Natur trefflich geschützten Makedonien einzudringen, endlich die Entscheidung gefallen, und Ämilius Paulus, der Sohn des gleichnamigen Führers, der bei Kannä als Konsul den Untergang des Vaterlandes nicht hatte überleben wollen, ist als Sieger in der Schlacht bei Pydna (168 v. Chr.) man kann sagen der Beendiger des Kampfes Roms um die Weltherrschaft geworden. Nur zwei Generationen hat der Umschwung in Anspruch genommen.

Die letzte Macht, welche Rom im Osten noch zu respektieren

brauchte, lag mit diesem Schlage am Boden, und mit grausamer
Deutlichkeit wurde es den Zeitgenossen sofort vor Augen geführt,
daß jetzt die Zeiten der Milde und Rücksicht vorbei waren.

Obgleich keiner der kleinen Staaten es gewagt hatte, sich auf
seiten des Perseus zu stellen, so wurde jetzt doch überall über die
Parteien und Parteiführer, die in den einzelnen Staaten ihre
Sympathien für Makedonien hatten laut werden lassen oder auch
nur im Verdachte solcher Sympathien standen, streng zu Gericht
gesessen, überall Verbannung und Tod über sie verfügt, überall
die entschiedenen Römerfreunde ans Ruder gebracht. Zur Sicherung des Wohlverhaltens oder als Strafe wurden unter verschie-
benen Namen und Vorwänden die einflußreichsten Männer als
Geiseln oder als Angeklagte nach Italien beschieden und dort in-
terniert. Aus Achaia allein waren es Tausend der vornehmsten
Bürger. Noch schlimmer erging es dem Freistaate Rhodos, der es
gewagt hatte, zwischen Rom und Makedonien vermitteln zu wollen.
Er verlor mehr, als was ihm Rom seinerzeit geschenkt hatte, und
sein Handel wurde durch Erklärung von Delos zum Freihafen
empfindlich geschädigt.

Ja im fernsten Osten machte sich der Umschwung noch sinnfälli-
ger geltend. Jene Szene unerhörter diplomatischer Brutalität,
welche ebendadurch weltberühmt geworden ist, erscheint für das
Verhältnis zwischen den Römern und der hellenistischen Welt so
bezeichnend, daß sie hier zum Schlusse als Charakteristikum der
Lage erzählt werden soll.

Es war im Jahre der Schlacht von Pydna, und Antiochos
Epiphanes, der tüchtige Sohn des großen Antiochos, hatte den
Bruderzwist in Ägypten benutzt, mit seinem Heere bis vor Alexandria zu ziehen. Auch er glaubte bei dem noch schwebenden Streit
zwischen Makedonien und Rom seinen Vorteil wahrnehmen zu
können. Da kam fast zugleich mit der Kunde von der Entscheidung
eine römische Gesandtschaft mit Popilius Länas an der Spitze in
Ägypten zum Könige. Schon von ferne begrüßte Antiochos die
ihm wohlbekannten Gesandten mit der Hand und hieß sie will-
kommen. Aber schweigend reicht ihm Popilius das Schreiben des
Senates, welches sofortige Rückkehr nach Syrien und Rückgabe der
Eroberungen fordert. Der König liest und verlangt, sich mit seinen Räten zu besprechen. „Nicht aus diesem Kreise wirst du heraus-
treten, ehe du mir Antwort gegeben hast." So spricht Laenas und
zieht mit seinem Stocke um den König einen Kreis in dem Sand.

Und der König gehorcht. Ägypten ist frei. Das war der Ton, in welchem von jetzt an die Römer sich immer mehr gewöhnten, mit ihren hellenischen Untertanen zu sprechen.

Der große Historiker und Zeitgenosse Polybios, der uns diese Begegnung erzählt, nennt das Auftreten hart und übermütig; wäre die Nachricht nicht so gut verbürgt, wir hätten Mühe, eine so bäurisch rohe und nutzlose Demütigung eines Königs vor seinem ganzen Hof für historisch zu halten. Aber der Gang, den die Entwicklung nahm, war diesem Auftreten leider überhaupt nur allzu ähnlich.

Die Einführung der römischen Provinzialverwaltung in Makedonien, Afrika und Kleinasien, die Auflösung des achäischen Bundes, die schnöde Behandlung der gefallenen Punischen Großmacht, endlich der Brand von Karthago und Korinth selbst, lauter Ereignisse, die in dem Menschenalter nach Pydna ohne allzu großen Widerstand durchgesetzt wurden, das sind die Taten Roms, die diesen Worten seiner Gesandten entsprechen, die aus demselben Geiste der Rücksichtslosigkeit und Vergewaltigung wie jene hervorgegangen sind.

In die Welt des Ostens und Westens zog die Paschawirtschaft römischer Prokonsuln, die Ausbeuterei römischer Kaufleute und Steuerpächter ein, welche die blühendsten Länder in absehbarer Zeit zugrunde richten mußten. Die Sympathien, welche wir Rom in seinem großartigen Kampfe gegen Hannibal, seiner Heldenhaftigkeit und Ausdauer entgegenbringen, verscherzt dieses Volk sich wieder durch sein Auftreten, seit es zur Herrschaft gekommen ist.

Es hat sich auch hier die neue und doch schon so alte Wahrheit bewährt, daß Herrentum von Volk gegen Volk unabweislich zur Degeneration nicht nur des versklavten — was ja nicht anders sein kann — sondern vor allem des Herrenvolkes selber zu führen der geeignetste Weg ist.

Der Kampf um die Weltherrschaft war zu Ende: das römische Imperium stand unerschütterlich fest da. Aber die weit größere bange Frage für die Zukunft der Mittelmeervölker mit Einschluß der Römer selber war, ob es gelingen würde, die einreißende Degeneration zu bannen und zu Zuständen zu gelangen, die dem großen Reich eine erträgliche Entwicklung gestatten würden.

Zeitfracht Medien GmbH
Ferdinand-Jühlke-Straße 7
99095 Erfurt, Deutschland
produktsicherheit@kolibri360.de